新訂

平成29年版学習指導要領対応

理科教育入門書

松森靖夫・森本信也 編著

東洋館出版社

はじめに

　2017年3月，文部科学省から新しい「小学校学習指導要領」が告示され，同年7月には「小学校学習指導要領解説　理科編」が公開されました（本書の巻末資料p.136～を参照）。これからの理科授業を実施する小学校教員には，両者の内容等を十分理解するとともに，今まで以上に効果的な指導が求められることになります。ところが，その一方で，我が国の約半数の小学校教員が理科授業に苦手意識を抱いていることが報告されています（科学技術振興機構，2011）。将来の教壇に立つ小学校教員志望学生（理科専修を除く学生）の中にも，理科を苦手とする学生や理科授業の指導を不安に感じている学生が半数以上も存在します（科学技術振興機構，2011）。例えば，「理科が苦手な私に，理科の授業が教えられるのか」や「小学生に自然科学に関する質問をされたら，どうするのか」といった切実な悩みを抱えているのです。

　そこで，旧版『授業の悩みを解決！小学校教員志望学生のための理科教育入門書』では，このような小学校教員志望学生の計52の悩みや疑問を解消し，小学校理科授業を計画するための視点を平易に解説しました。幸いにも，多くの小学校教員志望学生の皆さんの手にされ，好評を博してきました。本書は，旧版の趣旨を踏襲しつつ，新しい小学校学習指導要領にも対応した新訂版です。旧版同様，小学校教員志望学生はさることながら，若い教員にとっても座右の書となり，小学校理科授業者としての資質・能力の向上，理科授業好きの小学校教員の増加，さらには我が国の子どもの理科学力の向上につながることを期待しております。

2018年2月

編著者　松森靖夫

森本信也

もくじ

はじめに 1

第1章 小学生に「なぜ理科を勉強するのか」と問われたら，どう答えればよいのか 7
― 小学校理科教育の目標 ―

1－1 理科を勉強する意味がわからない小学生がいるのはなぜか 8
1－2 理科ではどんな勉強の仕方が大切なのかを，小学生にどう教えるか 10
1－3 理科の勉強が将来何の役に立つのかを，小学生にどう教えるか 12
1－4 理科を勉強した小学生は，何ができるようになるのか 14

第2章 小学校の理科では，何をどこまで教えればよいのか① 17
― エネルギー・粒子 ―

2－1 リトマス紙の色の変化を暗記させる必要はあるのか 18
2－2 ものづくりをどのように実施すればよいのか 20
2－3 上皿天秤の名称や使い方を覚える必要はあるのか 22
2－4 なぜ小学校ではガスバーナーではなく，ガスコンロやアルコールランプを使うのか 24

第3章 小学校の理科では，何をどこまで教えればよいのか② 27
― 生命・地球 ―

3－1 なぜ生物の学習では特定の植物や動物が用いられるのか 28
3－2 月の満ち欠けや星座の動きを学ぶ必要はあるのか 30
3－3 生き物を飼うと必ず死に直面するが，それでも飼うべきか 32
3－4 小学校で生き物の解剖をする必要があるのか 34

第4章 自然に対する小学生なりの疑問や考えとは，何か
－理科の学習論－　　37

- 4－1　小学生を真の理科好きにするにはどうすればよいのか　38
- 4－2　小学生はどんな分野に興味があり，どんな分野に興味がないのか　40
- 4－3　小学生ならではの考えには，どんなものがあるか　42
- 4－4　理科で小学生がつまずくのは，どんな内容か　44

第5章 小学生が興味をもつおもしろい理科授業とは，何か
－理科授業の方法－　　47

- 5－1　理科が苦手な教師でも，授業はできるのか　48
- 5－2　教科書を使わない理科授業も許されるのか　50
- 5－3　小学生なりの考え方を，どのように授業で取り上げて発展させるのか　52
- 5－4　小学生が自ら学習に取り組むように促すには，どうすればよいのか　54

第6章 理科の評価は，テスト中心か
－理科評価の方法－　　57

- 6－1　なぜ小学校理科で評価をする必要があるのか　58
- 6－2　ペーパーテストだけで評価してよいのか　60
- 6－3　理科の成績はどのように付けるのか　62
- 6－4　指導要領と指導要録の違いは何か　64

第7章 生命教材に興味をもたせるには，どうすればよいのか
－生命教材の分析と活用－　　67

- 7－1　動物が苦手な教師が，小学生に動物への興味をもたせることは可能か　68
- 7－2　カエルや虫などが苦手な小学生に，どのように対処すべきか　70
- 7－3　動植物の飼育栽培は，どのように進めればよいのか　72
- 7－4　昆虫の体のつくりの観察や学習で，よい方法はあるか　74

第8章 地球教材に興味をもたせるには，どうすればよいのか
－地球教材の分析と活用－ 77

8－1 月や星が苦手な教師が，小学生に天体への興味をもたせることは可能か 78
8－2 地球教材を活用した効果的な観察，実験の方法はあるか 80
8－3 泥水遊びになりがちな流水の働きの学習を，どのように進めていけばよいのか 82
8－4 夜にしか観察できない星座を，学校で学ばせる方法はあるのか 84

第9章 理科の実験で事故を起こさないためには，どうすべきか
－観察，実験と安全指導－ 87

9－1 観察，実験は，なぜ行うのか 88
9－2 実験を失敗したら，もう一度やり直すべきか 90
9－3 事故を未然に防ぐためには，何に気を付ければよいのか 92
9－4 事故が起きてしまったとき，どのように対応すればよいのか 94

第10章 理科室の環境は，どのように整備すればよいのか
－観察，実験機器の整備と管理－ 97

10－1 人体模型は授業で使うのか 98
10－2 理科の実験器具は，やはり高価なものが多いのか 100
10－3 百葉箱のない小学校があるが，どのように授業を展開させればよいのか 102
10－4 薬品などは，どのように揃えて，どのように管理するのか 104

第11章 なぜ1～2年は生活科で，3～6年が理科なのか
－他教科との関わり－ 107

11－1 生活科で育成を目指す資質・能力とは何か 108
11－2 生活科では，自然事象に関わるどのような学習が取り上げられているのか 110
11－3 生活科と理科を，どのようにつなげればよいのか 112
11－4 生活科と他教科を融合させたような授業の事例はあるか 114

| 第12章 | インターネットやテレビで，
理科授業を済ませてもよいのか
－ＩＣＴ活用－ | 117 |

12－1　理科授業でテレビ番組を見せるときに，効果的な方法はあるか　118
12－2　理科授業で活用可能な情報機器には，どんな種類があるか　120
12－3　理科授業でインターネットを活用するには，どんな方法があるか　122
12－4　理科授業で情報機器を活用するには，どんな方法があるか　124

| 第13章 | 学習指導案は，
どのように書けばよいのか
－授業設計－ | 127 |

13－1　なぜ学習指導案を書くのか　128
13－2　理科の学習指導案の特徴とは何か　130
13－3　学習指導案は，どのように作成すればよいのか　132
13－4　学習指導案通りに授業が進まないとき，どのように対処すべきか　134

資料　136
　　小学校学習指導要領　第２章　第４節　理科
　　小学校学習指導要領解説　理科編　第２章　第１・２節

編著者・執筆者一覧　165

第1章

小学生に「なぜ理科を勉強するのか」と問われたら，どう答えればよいのか

― 小学校理科教育の目標 ―

解決すべき4つの問題

1-1：理科を勉強する意味がわからない小学生がいるのはなぜか

1-2：理科ではどんな勉強の仕方が大切なのかを，小学生にどう教えるか

1-3：理科の勉強が将来何の役に立つのかを，小学生にどう教えるか

1-4：理科を勉強した小学生は，何ができるようになるのか

解決へのとびら

理科に限らず，いろいろな教科を通して，勉強することの意味や価値を子どもに教えることは大切なことです。そのためには，理科を勉強することで，できるようになったことやわかるようになったことを実感させることが大切です。具体的には，理科ではどのような方法で勉強すると，どういうことがわかり，できるようになるかを子どもに経験させることです。このことを繰り返すことで，子どもは何かができるようになっていく，すなわち成長していく自分を自覚できます。物事を論理的に考えることができるようになるとともに，知識が深まっていく自分を自覚するのです。第1章では，子どもが理科を勉強する意味を実感していく過程について解説します。

1-1

理科を勉強する意味がわからない
小学生がいるのはなぜか

▶子どもは理科が好きか

　平成27年度文部科学省により実施された「全国学力・学習状況調査」で，理科の勉強が好きと回答している子どもの割合（84％）は，国語（61％）や算数（67％）に比べて高いことが示されました[1]。子どもの多くは観察や実験を中心にして行われる理科授業が好きです。一時期，「子どもの理科離れ」が学校関係者により憂慮されたこともありましたが，現在ではこのようなことはありません。

　しかしながら，この調査結果を見て，理科授業では子どもに観察，実験だけをさせればよいのだ，と考えるのは早計です。観察，実験の後には，さらに，それらの結果から考えられることを表現させなければなりません。この活動も含めて，子どもに「理科が好き」と言わせる必要があります。これは，今後の大きな課題です。

▶子どもは観察，実験結果について，いろいろなイメージで表現できる

　図1-1は小学校6年生が書いた炭酸水のイメージです。石灰水を入れたときに炭酸水が白濁する変化や指示薬BTB液の色の変化を観察して，二酸化炭素が水に溶けている様子をイメージしたのです。水と二酸化炭素が合体して溶けている様子が描かれています。子どもはこのようなイメージ表現により，観察，実験結果を表現することができます。

図1-1　炭酸水のイメージ

興味をもって行った観察，実験を子どもなりの視点で表現させることにより，理科授業で考えたり，表現したりするおもしろさを実感することができるのです。観察，実験も，その後の結果について考えることも，好きになります。

▶理科授業で大切なことは，自然事象に潜むいろいろな規則を発見し，人に説明できるようになること

　子どもが観察，実験の結果について，自分なりの視点で表現できることを説明しました。理科授業で最も大切なことは，子どものこのような活動を中心に展開することです。「理科は暗記もの」ではないことを子どもに理解させる必要があります。

　溶解ということばを知っているだけでは知識を獲得したことにはなりません。溶解の調べ方や説明の仕方を知らなければ，知識を獲得したとはいえません。それゆえ，理科授業では子どもが考えたり，表現したりする力を身に付けることを目指しているのです。子どもが観察，実験を行い，その結果について考えたり表現したりする活動を通して，自然事象に潜むいろいろな規則を見いだし，人に説明できるようになることが大切なのです。

▶何を学習するのかを子どもが実感できるような理科授業の展開を

　自分で考え，表現することで，徐々に自然事象に潜む規則が見えてきます。そのことを実感できる子どもは，理科授業の大切さを理解することができます。自分で考えなければ，自然事象に潜む規則は見えてこないからです。一方，先生が教科書の内容を適当に解説する授業，観察，実験をただ行うだけの授業，先生が知識の暗記を求める授業，こうした理科授業を受けている子どもは，理科授業の本当の意味を理解できません。上で述べたような理科授業を実現することにより，子どもに理科授業の本当のねらいを理解させることができるのです。

（1）　国立教育政策研究所「平成27年度　全国学力・学習状況調査報告書［質問紙調査］」2015.

1-2

理科ではどんな勉強の仕方が大切なのかを，小学生にどう教えるか

▶問題解決すること，つまり子どもが見通しをもって計画的に学習をすること

　理科授業は子どもが自然事象についての規則を調べる活動を通して進められます。これは問題解決と呼ばれます。問題解決にはいくつかの過程があります。1番目は，問題を子どもに見いださせることです。例えば，「食塩を水にたくさん溶かすにはどうしたらいいかな？」という問題があります。問題を見いだしたら，解決するための観察，実験が必要です。

　問題解決に必要な観察，実験を子どもに意識させるために，例えば「水の温度を上げると食塩の溶け方は変わるのか」という発問をします。この発問に対して子どもは，「温度を上げればたくさん溶けるよ」「いや，そんなにたくさんは溶けないよ」等の発想をします。これを予想といいます。問題解決の2番目の過程です。

　予想を確かめるために，観察，実験を計画します。これが3番目の過程です。学習指導要領[1]の目標に「見通しをもって観察，実験を行う」と示されているように，観察，実験から確実に情報を得るようにするためには，「何に着目する」のか，それについて「どのように調べるのか」を明確にすることが必要です。水の温度を上げたとき，食塩の溶け方がどのように変化するのかにまず「着目」させるのです。このとき，温度の影響を調べるので，当然水の量は一定にしなければなりません。水の量を一定にして，温度を変化させたときに溶け方がどのように変化するのかを「調べ」させるのです。

　学習指導要領では，各内容の「〜に着目して」と記述された部分が「見方」を表しています。これは，「粒子」「エネルギー」「生命」「地球」を柱とする領域ごとに特徴を見いだすことができます。さらに，「〜調べる」と記

述された部分が「考え方」を表しています。これは問題解決の過程で用いる考え方のことで，学年ごとに重点化されています。3年「比較しながら」，4年「関係付けて」，5年「条件を制御しながら」，6年「多面的に」です。子どもが「理科の見方・考え方を働かせながら」見通しをもった観察，実験をすることが必要なのです。

▶観察，実験結果を整理するときに，子どもに考えさせること

4番目の過程は観察，実験の実施，5番目の過程はその結果の整理です。上の観察，実験では食塩の溶け方に着目し，条件を制御して水の量を一定にしながら，温度を変化させたときの溶け方を調べました。そこで，観察，実験結果の整理は，水の温度変化に対する食塩の溶ける量を棒グラフで示します。「理科の見方・考え方」が子どもに対して意識化されないと，結果を十分に理解することはできません。結果の整理では，これ以外に表，数字，図等を用いることもあります。

▶問題解決の最終！観察，実験結果から，予想したことを確かめる

問題解決の最終過程は考察といいます。理科授業のはじめに予想したことが，観察，実験結果から確かめられたのか，修正が必要なのかを子ども自ら判断することが，考察の中心となる活動です。「食塩がたくさん溶ける」と予想した子どもは，観察，実験結果から，食塩は温度が上がっても溶ける量は変わらないことを受け入れ，予想した考え方を修正します。「理科は暗記もの」ではないことを子どもは実感するでしょう。

子どもは判断したことを自分なりに表現します。前節の図1-1もその一例です。「水と合体する食塩の量は限りがある」という例えで表現することもあります。どのような表現が理解しやすいのかを，子どもたちが話し合いを通して決めることが大切です。皆が納得できる表現をすることが，理科では大切だと学習します。科学の客観性，という意味の理解のはじまりです。

（1）文部科学省『小学校学習指導要領解説　理科編』2017.7.

1-3

理科の勉強が将来何の役に立つのかを，小学生にどう教えるか

▶理科授業で学習したことが将来役に立つと考えている子どもの割合

　1-1で紹介した平成27年度文部科学省により実施された「全国学力・学習状況調査」で，「理科の授業で学習したことは，将来，社会に出たときに役に立つと思いますか」という質問に対し，理科は役に立つと考える子どもの割合（75％）は，国語（89％）や算数（90％）に比べて低いことが示されました。単純に考えれば，国語は適切な文章を書いたり，話をしたりするようになるためには必要であり，算数も同様に計算をしたり，テレビや新聞で示されるグラフや表を読んだりするようになるためには必要であることから，国語や算数が高率であることはうなずけます。また，この結果は小学校6年生を対象にしたものなので，高校受験に国語と数学は必須であることぐらいは知っていると考えれば，妥当な数字なのでしょう。

　しかし，平成15年度の文部科学省による「小・中学校教育課程実施状況調査」における同様の質問に対する理科の回答率と比較すると，平成15年度の51％から75％へと割合は大幅に向上しており，理科だけを見ると10年以上を経て子どもの意識には変化が見られます。実際，最近の小学校の理科教科書では，理科で学習することと日常生活との関連性を積極的に取り上げ，子どもが実感できるような内容の工夫がなされています。このことが意識の変化にも表れていると思われます。

▶日常生活との関連性を子どもに意識させる小学校理科教科書の内容

　表1-1に子どもが学習することと日常生活との関連を表す，理科教科書に掲載されている事例を示します。これは，小学校5年の教科書です[1]。理科をはじめて学習する小学校3年の教科書にもこのような事例はあります。表

表1-1　日常生活との関連性に関する事例

事例（「」は単元名）
・「魚のたんじょう」：サケの人工授精やサケの子の放流の解説
・「電流のはたらき」：巨大電磁石で鉄の廃材をつり上げる写真
・「電流のはたらき」：モーターが電化製品として活用されている事例の解説
・「台風の接近」：雲画像やテレビ画像による，台風接近時の様子の解説
・「実や種子のできかた」：農作業と発芽の条件やイネの品種改良の解説
・「流れる水のはたらき」：水による災害を防ぐための工夫の解説
・「人のたんじょう」：いろいろな動物の生まれ方の解説

1-1を見れば明らかなように，ここに示されている事例は特別に珍しいものではありません。多くの子どもが新聞やテレビで見慣れている情報です。5年生になり，はじめてその情報の意味を理科授業で学習するのです。子どもは，理科授業で学習することが，自分たちの日常生活に密接に関連していることを目の当たりにできるのです。

　子どもが理科の学習へこのように動機付けられるとき，それは，当然中学校，さらには高等学校で理科を学習する際の動機へとつながるでしょう。小学校での学習にとどまらず，次の段階をも視野に入れた指導の見通しも必要です。

▶理科の学習が自分たちの生活を豊かにすることを子どもに実感させる

　表1-1に示すように，台風情報の見方，水の災害の問題解決，植物の品種改良，サケの人工授精，電磁石の電気器具への利用を子どもが学習するとき，科学や技術を理解することが生活上の問題を解決したり，生活をより向上させたりすることを，子どもが実感することは容易に想像できます。もちろん，そのためには，これらのことを的確に説明するための知識，あるいは，その効能を説明できるための論理的な思考力の習得が必要であることは，いうまでもありません。いい換えれば，こうした能力の習得こそが将来の生活を豊かにすることを，子どもに実感させなければならないのです。

（1）『みんなと学ぶ小学校理科　5年』学校図書，2017.

1-4

理科を勉強した小学生は，何ができるようになるのか

▶子どもに育成を目指す資質・能力

　すべての教科および学校種で，子どもが社会において自立的に生きるために必要な力の育成を目標としています。育成を目指す力は「資質・能力」と呼ばれており，次の3つの柱に基づいています[1]。
・知識及び技能が習得されるようにすること
・思考力，判断力，表現力等を育成すること
・学びに向かう力，人間性等を涵養すること

　1つ目の「知識及び技能」は一方的に教師が与えるのではなく，子ども自ら作り上げていくことが求められます。そのため，計画的に学習を進め，データを集め，自らまとめる力も必要です。この力が，2つ目に示された「思考力・判断力・表現力等」です。さらに，子どもには常に自らこうした学習に主体的に取り組めるよう指導することも大切です。これが，3つ目の「学びに向かう力，人間性等」にあたります。

　これら3つの柱は，子どもに対する指導と評価の観点（観点別評価という）と対応しています。3つの観点に基づく指導と評価を通して，理科における資質・能力は育成されるのです。

▶理科で育成する「知識及び技能」

　理科の「知識及び技能」は，「自然の事物・現象についての理解」と「観察，実験などに関する基本的な技能」として示されます。前者は次のように捉えます。科学に関する知識は暗記するのではなく，子どもが予想を立て，これを観察や実験を通して検証し，その結果を論理的にまとめることで得られます。理科ではこのような理解を目指して，指導が行われるのです。

後者は2つに分けて捉えます。1つ目は観察,実験器具を正しく使えるようになることです。器具は正しい使用方法を身に付けることで,その機能を発揮させることができます。2つ目は観察や実験から得られる情報をわかりやすく表やグラフ等に表現することです。適切な器具の使用と観察,実験結果の表現方法を身に付けることが,基本的な技能といえます。

▶理科で育成する「思考力・判断力・表現力等」

　理科の「思考力・判断力・表現力等」は,問題解決の過程を通して子どもに育成する力,すなわち「問題解決の力」です。学年ごとに重点的に育成される力が次のように示されています。3年「主に差異点や共通点を基に,問題を見いだす力」,4年「主に既習の内容や生活経験を基に,根拠のある予想や仮説を発想する力」,5年「主に予想や仮説を基に,解決の方法を発想する力」,6年「主により妥当な考えをつくりだす力」です。

　ここには,問題を見いだす→予想や仮説を立てる→観察,実験を計画する→観察,実験結果から考察し,結論を導き出す,という一連の問題解決の過程を小学校4年間で定着させるため,学年ごとに重点化して指導をするというねらいがあります。問題解決をするためにはどのように考え,それをどのように表現すればよいのかを,一貫して子どもに捉えさせようとする指導上の視点が示されているのです。一学年での指導の充実はもちろんのこと,他の学年で掲げている問題解決の力にも十分に配慮することや学年間での指導の連携も重要です。

▶理科で育成する「学びに向かう力,人間性等」

　理科の「学びに向かう力,人間性等」は,子どもが自然事象に関心をもち,意欲的に問題解決していくことと捉えます。上で述べた2つの柱で求める力が子どもに育成されていけば,当然のことながら,学習意欲や積極的な学習態度は自然と生まれます。3つの観点を密接に関連させる指導が重要であることは明らかです。

（1）文部科学省「小学校学習指導要領解説　理科編」2017.7

第 2 章

小学校の理科では，何をどこまで教えればよいのか①

― エネルギー・粒子 ―

....

解決すべき4つの問題

2－1：リトマス紙の色の変化を暗記させる必要はあるのか

2－2：ものづくりをどのように実施すればよいのか

2－3：上皿天秤の名称や使い方を覚える必要はあるのか

2－4：なぜ小学校ではガスバーナーではなく，ガスコンロやアルコールランプを使うのか

解決へのとびら

エネルギーや粒子に関する学習は，子どもにとって非常に実体が捉えにくい内容です。したがって，実体験や観察，実験といった具体的な活動を通した学習を起点として，目に見えない微視的な世界をイメージさせながら，徐々に抽象化を図る授業展開が教師に求められます。第2章では，その際に必要となる指導の視点や方法について解説していきます。子どもを具体的な世界から抽象的な世界へといざなう過程を吟味するとき，暗記科目としての理科から脱却する道筋を見いだすことができます。さらには，ものづくりの意味や意義，上皿天秤やアルコールランプといった実験器具が有する機能などについて，新たな認識を得ることができることでしょう。

2-1 リトマス紙の色の変化を暗記させる必要はあるのか

▶問題解決としての理科学習

　子どもが自ら問題を見いだし，これに対して予想や仮説をもちながら主体的に観察，実験を行い，結果の整理，結論の導出を図る学習過程をじっくりと体感できたとき，子どもは理科を暗記科目と感じるでしょうか。理科の学習が主体的な問題解決によって成立することを子どもが認識するとき，そこで必要となる様々な観察，実験用の器具は，自己の問題解決を支持する貴重な道具と化すのです。

▶リトマス紙の色の変化について

　そもそもリトマス紙は，「リトマスゴケ」に含まれる中性付近で（赤）紫色を呈する構造をもつ色素が，酸性の水溶液では水素イオンを受け取って赤色を呈する構造体に，アルカリ性の水溶液では水素イオンを放出して青色を呈する構造体に，それぞれ変化する性質を利用したものです。小学校の学習において，こうしたリトマス紙の変色の原理を扱うことは困難ですので，「変色結果を覚える」という指導がなされることが多いと思われます。

▶問題解決活動の「道具」としてのリトマス紙

　6年では，水溶液の性質について学習します。本学習では，例えば塩酸，食塩水，アンモニア水といった，外見だけでは無色透明で見分けの付かない水溶液を判別する方法を考えます。子どもは，先行経験などから，これらの水溶液の性質に違いがあることを認識しています。しかし，当然ながらその違いを明示する方法を知りません。そのため，問題解決過程において，「違いを明示できる方法はないだろうか」といった問題意識を生み出すことが，

液性を視覚的に判別できるリトマス紙という「道具」への着目度を高めることにつながります。だからこそ,子どもは「色の変化」という視覚情報を主体的に整理し,リトマス紙の色の変わり方で,酸性,中性,アルカリ性の水溶液があることを学習することができるのです。

こうした学習を経ることによって,他にも液性を調べたい水溶液を挙げ,どのような液性を示すか予想や仮説を立てながら実験を行う,といった学習活動を展開させることも可能になります。

▶知識を記憶することについて

「酸性の水溶液では,青色のリトマス紙が赤色に変化する」といった知識は,いわば定義的な知識（「宣言的知識」）です。当然ですが,理科はこのような知識の記憶を強制する教科ではありません。子どもにとって,知識は学習過程において意味をなしたときに,はじめて受容されることになります。したがって,先述したように,自分なりに問題意識をもちながら,予想や仮説のもとで観察,実験を行い,主体的に結果の整理や解釈を行う中で,リトマス紙に関する知識は,子どもにとって意味ある知識として長期的に記憶されることになるのです。

そして,「酸性の水溶液では,青色のリトマス紙は赤色に変化する」といった知識を問題解決の過程で繰り返し使うことによって,「リトマス紙の色の変化から,この水溶液は酸性だ」といった具合に,瞬時に判別することが可能となるのです。こうして,宣言的知識は問題解決の過程において繰り返し使われることによって,その意味や重要性を十分に認識して手続き的に使える知識（「手続き的知識」）へと変容を遂げることにもなるのです。

理科授業における情報の受容と,その意味付けをいかに図るか,これが記憶を強制する理科授業からの脱却のポイントになります。

ものづくりをどのように実施すればよいのか

▶日本の子どもの教育課題とものづくり

　国際的な学力調査などの結果によれば，他国と比べ日本の子どもは理科を学ぶことの意義や有用性を実感できていないことが明らかとなっています。このような課題を生み出した原因として，理科授業を通じて学習した内容と実生活との関わりを考える機会の不足，また学習した原理や法則などを活用する機会の不足などが考えられます。こうした課題解決の一方策として，「ものづくり」が重要な位置を占めると考えられているのです。

　実際，平成29年7月に公開された小学校学習指導要領解説理科編[1]では，内容の「A物質・エネルギー」の指導に当たって，2〜3種類以上のものづくりを行うと示されており，理科の見方・考え方を働かせる体験の充実が志向されています。

▶作業としての「ものづくり」でいいの？

　4年では，「電気の働き」の中で，「乾電池の数やつなぎ方を変えると，豆電球の明るさやモーターの回り方が変わること」および「光電池を使ってモーターを回すことなどができること」を学習します。本学習内容に基づき，例えば乾電池や光電池で走る車を作る，といったものづくりが実施されます。

　このとき，教師が単にものづくりを作業として子どもに行わせてしまっては，先述したような課題の解決は遠のくばかりです。例えば「より速く走る車を作ってみよう」といった課題設定を行うことによって，「直列つなぎにすることで，乾電池1個のときよりもモーターが速く回る」といった知識を活用したものづくりが実現できます。ものづくりは単に実施すればよいのではなく，それまでの学習成果を子どもが自分なりに活用し，科学的に思考することによって，科学についての原理や法則に関する理解を，より深化させ

る機会とならなければならないのです。

▶知識・技能の習得と活用の往復を実現するものづくり

　ものづくりは子どもにとって，単なる作業としても楽しい取り組みになることが予想されますが，それでは理科授業において，ものづくりが有している機能を十分に発揮していることにはなりません。既に説明してきたように，科学的な体験としてのものづくりの具現化が必要となるのです。この点について，もう少し考えてみましょう。

　例えば，3年の「電気の通り道」では，回路をつないだり切ったりすると豆電球の明かりをつけたり消したりできることを学習します。この知識を活用してスイッチを作ったり，スイッチを工夫することで明かりのつくおもちゃを作ったりすることもできます。子どもは，こうした学習の連続性において，ものづくりの意味と意義を実感し，知識・技能の習得とこれらを活用する力をいわば車の両輪として機能させることができるのです（図2-1）。

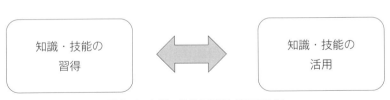

図2-1　知識・技能の習得と活用の往復

　教師は，知識・技能の習得とその活用が表裏一体化した構造となるように，ものづくりの内容や構成とその展開を考えていく必要があります。

（1）　文部科学省「小学校学習指導要領解説　理科編」2017.7.

上皿天秤の名称や使い方を覚える必要はあるのか

▶上皿天秤は時代遅れ？

　上皿天秤のようなてこ式のはかりを使用して計量物の重さを割り出す場合には，子ども自身が分銅の組み合わせを手作業で調整することになります。したがって，上皿天秤をはじめて使用する際には，その使い方について時間をかけて子どもに指導する必要があります。

　一方で，科学技術の進歩に伴い，電子天秤のような瞬時に計量物の重さがデジタル表示される器具も登場しました。電子天秤は操作方法が簡便であり，上皿天秤ほど指導に時間を要しません。では，理科授業において，一種古典的な器具と感じられる上皿天秤を用いる意味や意義は，どこにあるのでしょうか。上皿天秤の利用は，時代遅れなのでしょうか。

▶直接比較から間接比較への移行

　3年「物と重さ」を例に，上皿天秤の使用の意味と意義について考えてみます。本単元では，子どもが身の回りの物の重さについて調べることから学習が始まります。まず，見た目で予想して重い順に並べ，次に手で持って重いと感じた順に並べます。つまり，はじめに感覚情報に基づく直接比較によって，物の重さを判別していくのです。

　このとき，微妙な重さの違いを諸感覚だけで決定することは困難となる場合があります。子どもによって，判断が分かれる場合もあります。そして何より，感覚情報に基づく判断だけでは客観性がありません。このような問題を解決するための道具として，上皿天秤の使用が考えられます。つまり，子どもは上皿天秤の傾く様子と自身の体感した重さとを対応付けることによって，間接的に重さを比較することができます。さらに，分銅を用いて重さを

割り出せば、数値データによる比較も可能となり、自己の判断に対する客観的な裏付けを高めることができるのです。理科授業における上皿天秤の使用の意味と意義の重要な一端を感じざるを得ません。

▶具体から抽象へと向かう理科学習

理科学習は、具体から抽象へと移行していきます。当然ながら、この移行プロセスには段階性があります。先の事例に示した物の重さの比較を例に、この段階性を考えてみましょう。まず、触覚データによる直接比較を行います。これは、具体的な活動場面ともいえます。その上で、天秤のふれ方による視覚データに基づく比較を行います。学習がわずかながら抽象化されることになります。そして、分銅の重さの数値データによる比較を通して、定量的に大小関係を把握します。まさに抽象的なレベルでの事象把握が展開されることになります（図2-2）。

図2-2　具体から抽象への学習の流れ

このように、上皿天秤は子どもの学習を具体から抽象へと移行させるプロセスを支援する道具として機能しているのです。したがって、電子天秤は重さに関する数値データを得るには極めて優れた道具ですが、子どもの学習の連続性の観点から考えれば、その導入場面について一考の余地があることがわかります。理科授業において古典的な道具である上皿天秤は、子どもの学習の連続性を確立させるために欠かせない大切な道具であり続けることでしょう。このような上皿天秤の機能性を子どもが十分に認識するとき、その名称や使い方は「覚える知識・技能」から大きく脱却することになるのです。

2-4

なぜ小学校ではガスバーナーではなく，ガスコンロやアルコールランプを使うのか

▶ **ガスバーナーとガスコンロ，アルコールランプの違い**

　ガスバーナーやガスコンロ，アルコールランプは，加熱を伴う観察，実験を行う場合に欠かすことのできない器具です。一般に，小学校ではガスコンロやアルコールランプを使用して実験を行うことが多いのですが，なぜガスバーナーを使用しないのか，疑問をもつ教師も多いと思われます。この点を解決するには，それぞれの器具のもつ特性に目を向ける必要があります。

　まず，使用する燃料についてです。ガスバーナーでは，都市ガスやプロパンガスなどのガス燃料を使用します。また，ガスコンロではブタンガスを使用しています。これらは，発熱量が大きいという特徴があり，強く加熱する場合に適しています。しかし，これらのガスは目に見えないため，例えば栓がゆるんでガスが漏れていても，瞬時に気付くことができません。これは引火や爆発の危険性を伴いますので，教室の換気には十分配慮して使用する必要性があります。一方で，アルコールランプの燃料には工業用アルコール（メタノール）を使用します。メタノールは，都市ガスやプロパンガスと比較すると発熱量は小さいですが，無色透明な液体であり，液量や液漏れなども気体より判別しやすい特性があります。つまり，燃料として扱いやすく，引火や爆発の危険を察知しやすいという利点があるのです。

　次に，器具の操作性についてです。ガスバーナーを使用する場合，ガスの元栓を開け，バーナーのコックを開けてガスの量を調整してから点火し，さらに空気の量を調節するといった複雑な操作が要求されます。消火する場合も，このように複雑な操作を伴いますが，場合によってはガス栓の閉め忘れなどによるガス漏れなどに注意しなければなりません。これに対して，ガスコンロは軽くつまみを回すだけで着火できて炎の調節も自在です。また，ア

ルコールランプは，火のついたマッチで点火するので，簡便な操作で実験を行うことができます。ただし，アルコールランプは内部の空間部分が大きいと，気化したアルコールが充満しているため，引火すると大変危険です。

　それぞれの器具には，長所と短所がありますが，安全性や操作の正確性を考えると，小学校でガスコンロやアルコールランプを使用する機会が多い理由が理解できます。なお，最近の教科書では，ガスコンロとアルコールランプの使い分けもされています。例えば，点で熱することが必要な小学校第4学年の対流や熱の伝導の学習ではアルコールランプが使われ，短時間で熱する必要がある水の沸騰実験などではガスコンロが使われるなど，加熱器具の特性を生かした使い分けがなされています。ただし，ガスコンロはアルコールランプに比べて高価なため，財政が豊かではない自治体では，アルコールランプが使われる傾向にあるようです。

▶問題解決活動で機能するガスバーナー

　これまで，ガスバーナーやガスコンロ，アルコールランプの有する特性について説明してきました。安全性や操作性などを考慮すれば，小学校の段階ではガスコンロやアルコールランプを使用することが多くなります。しかし，場合によっては，子どもの問題解決活動の中でガスバーナーやガスコンロ，アルコールランプが連続的に機能することがあります。

　例えば，4年「水の温まり方」では，ガスコンロやアルコールランプで水を熱していき，100℃近くになると沸騰した水の中から盛んに泡が出ることを学習します。このとき，子どもはもっと強く加熱したら，水は100℃以上になるのではないかという疑問を抱く場合があります。そのとき，ガスバーナーのガス量や発熱量に着目して，水をより強く加熱する実験へと発展させることも可能となります。

第 3 章

小学校の理科では，何をどこまで教えればよいのか②

― 生命・地球 ―

解決すべき4つの問題

3－1：なぜ生物の学習では特定の植物や動物が用いられるのか

3－2：月の満ち欠けや星座の動きを学ぶ必要はあるのか

3－3：生き物を飼うと必ず死に直面するが，それでも飼うべきか

3－4：小学校で生き物の解剖をする必要があるのか

解決へのとびら

特徴的な体と動きを示す昆虫や動物，夜空に輝く美しい星や月は，子どもにとって身近な自然事象であり，興味の的であるように思います。私たち大人も小学生の頃には，素朴な興味や関心とともに，当たり前のようにそれらの内容を学んできたように思います。しかし，生物や地学（天文分野）の内容について，指導する側に立って学習内容を眺めてみると，疑問に突き当たることが少なくないようです。「なぜ月や星について学ぶのだろう？」「動物飼育って，本当に必要なの？」というように。第3章では，小学校理科で扱う生物・地学領域からいくつかの疑問を取り上げながら，学習として成立させていく際の留意点について，具体的に解説していきます。

3-1 なぜ生物の学習では特定の植物や動物が用いられるのか

▶小学校理科で扱う植物や動物に"定番"はある？

　小学校理科の教科書で扱う植物をまとめたものを，表3-1に示しました。教科書会社によって違いはありますが，アサガオ，ホウセンカ，ヒマワリ，ヘチマ，インゲンマメ，ジャガイモなど，小学校で扱われる植物には，いわゆる"定番"といえるものがあるようです。

　近年では，日頃よく見る野菜が取り上げられるなど着実に種類の多様化が進んでいますが，それでも，特定の植物が選ばれる傾向は認められるように思います。そして，この傾向は，動物にも認められるようです。

表3-1　理科の教科書で扱われている主な植物（※栽培・観察対象を中心に掲載）

	小学校3年	小学校4年	小学校5年	小学校6年
学習内容	・根・茎・葉の観察 ・花と種子の観察 ・植物の育ち方（発芽から結実まで）	・季節ごとの植物の成長 ・時間・天気による変化 ・植物の育ち方（1年間を通して）	・発芽条件と成長条件 ・花のつくりと花粉の働き	・植物の養分（デンプン） ・水の通り道 ・自然のサイクル
教科書に登場する植物	・ホウセンカ ・アサガオ ・オクラ ・マリーゴールド ・ヒマワリ ・キク ・ワタ ・ピーマン ・トマト ・ダイズ	・ヘチマ ・キュウリ ・ツルレイシ ・イチョウ ・アジサイ ・シロザ ・ヒョウタン	・インゲンマメ ・トウモロコシ ・アサガオ ・キュウリ ・トマト ・ソラマメ ・カボチャ ・ヘチマ ・イネ	・ジャガイモ ・ホウセンカ ・インゲンマメ ・シロツメクサ ・オオバコ ・ツユクサ ・ヒメジョオン

▶教材が選ばれる背景にあるものとは

　特定の植物や動物が選ばれる背景には，それが教材となり得るかを判断する観点がいくつかあります。中には，3年「植物の育ち方」で扱う植物のように，「栽培が簡単で，身近に見られるもので，夏生一年生の双子葉植物を扱うようにする」と学習指導要領で明示されたり，植物名などが例として挙げられたりしている場合もあります。それらも，基本的には次に挙げる項目に類する観点で選ばれ，用いられているようです。

ア）対象の特徴や性質が比較的容易に観察できること（内容理解の側面）
イ）入手しやすく，取り扱いや保存が容易であること（調達・管理の側面）
ウ）児童の病気やけがにつながりにくいこと（安全性の側面）
エ）身の回りの自然に広げて考えられる（≒自然観や生命観の育成につながる）ものであること（日常性の側面）

　新たな教材についても常に検討されているので，今後新しい植物や動物が取り入れられる可能性があるということにも注意を向けておくべきでしょう。

▶「観察すればわかる」生物の学習からの脱却を

　特定の植物や動物が選ばれるのは，選択の際に上記のような観点があるからですが，それらの植物や動物も，実際の授業における学習の流れの中で，どのような問いのもとにどのように位置付けられるのか，観察や実験において何を捉え，どのような科学概念の理解に結び付いていくのかといった学びのストーリーの中で，その適切性が判断されます。

　重視すべきは，生物に対する子どもの理解を，いかに授業を通じてつくっていくかということです。このことを念頭に，生物の学習には観察活動に多くの時間を割いていきますが，ともすると，観察すれば子どもは理解できると安易に発想しがちな部分があるように思います。観察という行為には，対象を捉えるための明確な問いや視点が必要であることに十分留意して，活動だけに終わらせない理科授業を考えることが重要です。

3-2 月の満ち欠けや星座の動きを学ぶ必要はあるのか

▶小学校理科における天文分野の取り扱いを知ろう

　小学校理科において天文に関する学習内容は，3年，4年，6年に設定されており，内容構成は以下の通りとなっています。
　・3年：太陽の見かけの位置と動き
　・4年：月の見かけの位置と星の明るさや色および位置の観察。月や星の特徴や動き
　・6年：月の満ち欠け（月や太陽の見かけの位置および形の変化）

▶普段目にする天文現象を正しく理解できているか

　見かけの太陽の動きや月の動きとその満ち欠け，そして星座の動きといった天文現象は，私たちの生活に密接に関わっています。特に，太陽の見かけの動きが時間を定めるもとになったことをふまえれば，天文現象は，私たちの生活の基盤になっているとさえいえます。

　しかし，それら日常的な天文現象も，改めてその見え方や仕組みを問われると，十分に説明できない実態があるのではないでしょうか。例えば，月の形（＝満ち欠け）と見える時間帯や天空上の位置の関係，日食・月食と太陽，地球，月の位置関係などは，大学生でも適切に説明できない人が少なからずいるという実態です。この事例をとってみても，生活に密着したこの分野の内容を学ぶ必要性は，十分にあるといえます。

　天文現象が理解しづらい主な要因は，地球上の特定の地点（≒地上）から空を見上げて観察するしか手立てがないことです。限られた視覚情報に断片的な知識が結び付くことで，科学的に妥当ではない説明や考えが作られるというのが，天文現象に対する理解の実態であるようです。

▶時間と空間の概念を創る

　理科の学習指導に関わる者として，私たちは，天文現象を学ぶ意味や必要性をどこに見いだせばよいのでしょうか。まず，先に触れたように，時間概念の獲得に有用であることが挙げられます。小学校では時間，日，年という比較的短いオーダーが中心になりますが，宇宙という視点から考える場合は，何万年何億年というオーダーで捉える必要が出てきます。

　月を例に挙げると，月の見え方（形）を月の公転と結び付けて理解していくためには，経過する時間を位置付ける必要があります。月の形の変化は日を越えて観察する中で確認されるため，時間の経過が必然的に意識されることになるからです。

　さらに，太陽と地球と月の位置関係を考えることは，子どもに空間的な把握を求めること，すなわち，空間概念の獲得につながっていきます。空間概念については，地上に立つ自分とその周りの樹木や建物，上空に見える太陽や星といった，方位と角度をもとにした地球視点での把握から，太陽，地球，月の3球体モデルにおける位置関係といった，宇宙視点での把握へと，そのスケールを広げながら捉えていけるように支援していくことが重要です。

▶宇宙の中の一つの星として「地球」を捉える

　天文現象を学ぶもう一つの意義として，「地球」を宇宙の中の一つの星として理解することが挙げられます。星としての美しさや神秘的な現象の理解とともに，宇宙という不思議な空間の中にある一つの星として「地球」を捉えられるようになることが，この分野を学ぶ大きな意義といえるでしょう。

　小学校の理科においては，宇宙の構造などを扱う学習は含まれませんが，人工衛星の打ち上げが行われ，日本人が宇宙ステーションに滞在する現在，中学校以降の学習を見据えながら，宇宙に対する知的好奇心を維持できるように，また，情報過多の時代だからこそ知的好奇心を天体の観測に結び付けていけるように，教師側が支援していくことが重要です。

3-3

生き物を飼うと必ず死に直面するが，それでも飼うべきか

▶小学校における動物の飼育が減っている？

　小学校の教室に入ると，モンシロチョウの幼虫（アオムシ）やメダカが飼育されている様子を見かけることがあると思います。また，飼育小屋などでウサギやモルモット，ニワトリやハムスターなどを飼っている学校もあるかもしれません。

　モンシロチョウやメダカなどは理科の教材で取り上げられているので，飼育の必要性を理解できますが，ウサギやモルモットやニワトリとなると，「飼うのはちょっと大変だなぁ……」といった負担感が先に立ってしまうものです。なぜなら，日々のエサやりや水換え，温度管理，病気の早期発見などに常に気を遣わなければならないし，死に直面するような場合は，子どもの心理的負担の軽減を考えなければならないからです。こういった背景からか，小学校における動物飼育は，徐々に減少しているようです[1]。

▶飼うことで実感する生き物の「命」

　生き物を飼い育てることは，理科で学ぶ生き物の育ち方や体の特徴を，まさに体験を通して知ることにつながります。しかしそれ以上に，新たな命の誕生やその成長に対して純粋に驚いたり喜んだりする気持ち，その生き物に自分を映し込みながら欲求や行動を推し量る，いわゆる他者意識や共感する心を育むことができるのではないでしょうか。動物飼育とは，子どもが生き物の「生」のドラマの一端に立ち会うことであり，そのドラマを通してかけがえのない「命（いのち）」を実感する活動なのです。

　命を理解するということは，「死」を理解し受け入れるということでもあります。理科の学習内容である「生き物の成長の順序」は，飼育活動を通じ

て理解できますが、その先に命が途絶えてしまう「死」があること、だからこそ命は尊く、避けられない死があるからそれを受け継ぐ仕組みや営みがあるのだということもしっかり捉えることが、命の理解には欠かせません。学習指導要領における生物領域が「生命」を基本概念としたのも、命の尊さや大切さを捉えてほしいという願いがあったから、と考えるべきでしょう。

▶飼育に対する適切な理解の必要性

　小学校で生き物を飼育するということは、子どもがその生き物と"共に暮らす"ことであり、世話を通して"命を預かる"ことです。子どもと共に生きる存在として捉え、末長く飼育ができるように、知識や心構えをしっかり作ることが大切でしょう。

　飼育に当たっては、以下の諸点について十分な検討が必要ですし、それらに対する適切な理解が求められます。

ア）学校の規模や飼育環境の確認（施設・設備面、近隣の獣医師の有無等）
イ）飼育動物の習性や飼い方の理解（エサや世話のしやすさを中心に）
ウ）飼育動物の繁殖ならびに病気やけがについての理解
エ）飼育に対する経費（エサ代など）の見通し
オ）衛生面に対する注意と管理（手洗いの励行、アレルギーへの対応）
カ）地域・保護者との協力体制づくり（長期休業期間中の世話を中心に）

　動物の死に立ち会ったことのある子どもは、その体験のない子どもより自殺を否定する傾向がある、という報告[2]もあるようです。飼育となると負担感のみが先行しがちですが、子どもが命を実感していくためにも、今一度、この動物飼育について考えてみる必要があるように思います。特に、命や死に関わる心情面に関しては、特別の教科である道徳と関連付けながら進めていくことに留意すべきでしょう。

（1）例えば、以下の報道がある。「学校ウサギ受難 府内公立校・園飼育数15％減」読売新聞、2010年11月16日付.
（2）日本初等理科教育研究会編著「学校における望ましい動物飼育のあり方」p.9, 2000.

小学校で生き物の解剖をする必要があるのか

▶小学校理科における解剖の扱いの移り変わり

　40〜50歳代の人に小・中学校当時の理科学習について聞いてみると,「フナやカエルの解剖」の話が出てくることがあります。魚の解剖は,昭和33年の学習指導要領改訂を契機に多くの小学校教科書で扱われるようになり,学校現場でも取り組まれてきました。しかし,材料の準備や後片付けに要する時間の問題,教員の解剖に関する知識・技能の不足の問題,また,「生命尊重の教育に反しており残酷である」という指摘がなされるようになったことなどがあって,実施をためらう教員が増え,教科書でも扱われなくなってきたようです。実際のところ解剖の実施率は,大幅に減少している[1]ようです。

　これに対して学習指導要領解説理科編では,6年「人の体のつくりと働き」において,「体のつくりの観察については,魚の解剖や標本などの活用が考えられ,その際,事前にその意義を十分説明するよう留意する(傍点筆者)」と記され,解剖の実施に道を開く記述となっています。コンピュータシミュレーション等による映像技術が高度化している昨今,命に触れる解剖の実習にはこれまで以上に期待がかかるように思います。

▶解剖は生命尊重の態度の育成に逆行するか

　解剖は,生命尊重と動物愛護の観点から実施すべきではないという意見があります。解剖に立ち会った女子児童などからは,「気持ちが悪い」とか「怖い」といった声が聞かれ,生命尊重の態度形成において負の影響を及ぼしているように思えるところです。

　一方で,生き物を解剖する学習は生命の尊さを認識し,生き物や自然を愛護し,自他の生命を尊重する態度を育成する貴重な機会となる[2]という指摘が,理科教育関係者を中心に多くなされています。一見矛盾して見えるこ

のことについて,どのように考えればよいのでしょうか。

　解剖が,いたずらに命を奪うような活動であってはならないことは,いうまでもありません。しかし,頭の中だけで考える生命尊重ではなく実感を伴った理解にしていくためには,実際に生き物に触れ,その実体感や怖さやうす気味悪さを知り,それを乗り越えなければならないのだと思います。別の表現を用いるならば,ペット感覚を超えることで命を実感できるといえるのではないでしょうか。このような観点から,子どもにとって生涯印象に残る貴重な経験になるために,十分な解剖指導技術を身に付け,生命尊重の態度に結び付く解剖を目指すべきです。

▶解剖への抵抗感を和らげる教材の開発

　解剖の意義を教師と子どもの双方が理解できても,「やっぱり怖いからできない」とか「ヌルヌルして気持ちが悪い」という声が出てくることは避けられません。さらに,解剖に対して絶対的な拒否感をもっている子どももいるので,実態を把握してから解剖に臨むことが大切です。

　解剖に対する抵抗感を少しでも和らげる方法として,最近では,カタクチイワシやアジなどの乾物を用いる方法が提案されています[3]。乾物を用いると,生臭さやヌメリを減らすことができるだけでなく,後始末も簡単なので,取り組みやすい解剖となるでしょう。

　乾物は組織が乾燥しているため臓器等を取り出すことが難しいのですが,胃や腸を取り出し,水につけてやわらかくして切開すると,未消化のエサを確認することができる場合があります。顕微鏡で観察してみると,食物連鎖の実態を確認できてよいでしょう。

（1）　西川浩輔・鶴岡義彦「小・中学校理科授業における動物解剖の現状」『生物教育』Vol.47, No.4, pp.146-156, 2007.
（2）　鳩貝太郎「疑似体験世代とカエルの解剖」『予防時報』No.204, pp.20-25, 日本損害保険協会, 2001.
（3）　例えば,以下のサイト等が参考になる。「煮干しの解剖資料室」
　　　URL　http://www.geocities.jp/niboshi2005/manual.html

第 4 章

自然に対する小学生なりの疑問や考えとは，何か
― 理 科 の 学 習 論 ―

解決すべき4つの問題

4－1：小学生を真の理科好きにするにはどうすればよいのか

4－2：小学生はどんな分野に興味があり，どんな分野に興味がないのか

4－3：小学生ならではの考えには，どんなものがあるか

4－4：理科で小学生がつまずくのは，どんな内容か

解決へのとびら

理科授業は，子どもの自然に対する問題意識から始まるといっても過言ではありません。それは，科学者が新しい法則や理論を発見するために，研究の見通しや仮説を設定することと同じで，子どもにとっても重要なことです。そのため，理科授業で表出する子どもなりの疑問や考えを大切にし，その疑問や考えを真摯に受け止め，意味付け・価値付けする教師の姿勢が必要となってきます。第4章では，子どもの理科に対する好き嫌いや子どもなりの見方や考え方を明らかにすることで，子どもの表現の豊かさと理科に対する興味・関心を授業に生かしていく意義について明らかにしていきます。

4-1 小学生を真の理科好きにするにはどうすればよいのか

▶客観的なデータから

　子どもの多くが理科好きであることは，小学校の教師を経験した者であれば周知の事実です。また，理科が教師にとって教えづらく，準備が大変な教科であることも，よくいわれる事実です。図4-1は，「あなたは，次の教科や学習の時間の勉強がどのくらい好きですか」という質問の回答比率を表したものです[1]。

　体育，家庭，図画工作に次いで，理科が好かれていることがわかります。また，国語，社会，算数，理科の中では，一番好かれているのが理科であることもわかります。体育や図画工作などと同様，活動を通して，自分なりに考えた問題を解決していく学習形態が，子どもの興味を引き付ける要因と考えられます。他教科と違うところは，観察，実験を伴った学習であるということです。

　そして，その観察，実験が，子どもを理科という授業に引き付けているということになります。教師は，いかに子どもの必然的な疑問や考えから，観察，実験を行わせるかを熟慮する必要が出てきます。

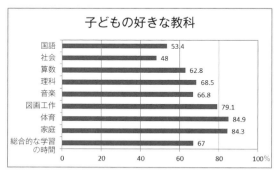

図4-1　子どもの好きな教科

▶子どもの好きな理科になるために

　理科の学習は，観察，実験を通して行われます。だからといって，子ども

の興味を引く観察，実験をただ教師が与えてしまうのは，短絡的といえるでしょう。確かに，巷には「楽しい」「ビックリ」と銘打った観察，実験が溢れています。それらを，子どもが喜ぶからといって，闇雲に理科授業に導入してしまってよいのでしょうか。子どもの目を科学に向けさせるという視点においては，とても重要な「楽しさ」「ビックリ」であっても，小学校理科でそれらを学習に位置付けることは，至難の業といえます。ここで大切なのは，子ども自身から生まれる疑問や考えです。自分の疑問や考えをもつ子どもには，それを解決したいという知的欲求が芽生えるとともに，その問題意識に対する責任感が生じます。これが，予想や仮説となり，見通しとなって問題解決的な理科授業が実現されるのです。大人から与えられただけの問題，観察，実験，予想や仮説からは，子どもがその問題を解決しようという責任感は生まれてきません。その責任を果たすところに，子どもの充実感，知的充足感，達成感が生まれてくるのです。理科が，問題解決の教科といわれるゆえんです。子どもは，この気持ちから理科が好きになるのです。たとえ一時的に理科の楽しさを示す観察，実験を体験したとしても，決して真の学力としての関心・意欲・態度が身に付くとは考えられません。

▶子どもを真の理科好きにするために

これまでのことを教師側から考えていくと，子どもが理科を好きになるためには，教師が観察，実験をただ与えるだけではなく，子どもの疑問や考えを生かす必要があることがわかると思います。実は，ただ与えるだけの方が，教師にとっては楽なのです。それぞれの子どもの考えに寄り添うには，教師の確固たる授業構想と教育技術が必要となります。まず，子どもがもつ疑問や考えについて，良い悪いという判断ではなく，すべてを受容し，なぜそう考えるかを教師自身が考えてみることです。そこから，授業が始まります。

（1）　ベネッセ教育総合研究所「第4回学習基本調査報告書・国内調査　小学生版」2006.

小学生はどんな分野に興味があり，どんな分野に興味がないのか

▶子どもにとっての分野と大人にとっての分野

　小学校学習指導要領によると，理科の内容区分の柱には「エネルギー」「粒子」「生命」「地球」が挙げられています。自然科学の名称に置き換えると，それぞれ「物理学」「化学」「生物学」「地学」ということになります。

　子どもが，理科を分野で分けて考えることは，学校生活においてはないでしょう。教師は，教育課程を管理する上で，学習指導要領の内容区分を熟知する必要はありますが，子どもには，その必要はありません。

　理科室での授業を好む子どもも，校庭での観察を好む子どもも存在します。教師は，それらのどの子どもとも学習をともにしなければなりません。教師自身に分野の好き嫌いや得意・不得意があると，そのことが授業中に子どもに伝わってしまうものです。したがって，自分が苦手な分野こそ十分な教材研究をする必要があります。教師が理科を好きになることが，子どもを理科好きにする一番の近道かもしれません。

▶子どもの好きな学習内容

　子どもの好きな学習内容は数多くありますが，具体的には次のような子どもの姿を見ることができるでしょう。

　例えば，3年の学習では，オクラやホウセンカを育てることに興味をもつ子どももいますし，その体の仕組みについて比較することで，植物の巧みさに興味をもつ子どももいます。また，4年の学習では，見えない空気を自分なりの表現で表し，粒子論の萌芽とも考えられる描画を残す子どももいますし，校庭での観察を通して，四季で移り変わる生物の生活の変化について，温度との関係から説明することに興味をもつ子どももいます。5年では，孵

化したメダカの赤ちゃんを大切に育てようとする態度が見られますし，電磁石を作るということに創作意欲をもつ子どももいます。さらに，6年では，物が燃焼する際に，子どもなりに空気を「燃える空気」である酸素と「燃えない空気」である二酸化炭素で表現することで，話し合いの媒介となる学級固有の言語を表し，協同的な学習におけるキーパーソンとなる子どももいます。

　それでは，これらの子どもの姿から，子どもの好きな分野をどう定義すればよいでしょうか。一つの分野やカテゴリーで説明することが難しいことがわかります。また，そのように分けること自体が無意味といえるかもしれません。要するに，子どもが理科を好きになるか否かは，教師がこれらの子どもの表現や意欲について，意味付けたり，価値付けたりできるかによって決まると考えられます。当然のことながら，教師に意味付け・価値付けされた子どもは，自己を承認されたことから達成感や知的充足感をもつでしょう。この教師との関わりから，子どもが理科好きになることも少なくありません。端的にいえば，子どもを理科好きにするのも，嫌いにするのも，教師の関わりが大切であるということになります。

▶意味付け・価値付けとしての評価

　教師の意味付け・価値付けは，評価と言い換えることができます。上述のような子どもの思考や表現の評価方法の一つとして，パフォーマンス評価があります。第6章でも詳しく説明していますが，教師が客観的なテストだけで子どもの評価をすることはありません。日々の授業において，子どもと対話をしながら，子どもの素晴らしい表現を意味付け・価値付けしていくのです。また，子どもの残した描画などからも，子どもを評価できます。

　確かに，子どもには学習内容の好き嫌いがあるかもしれません。しかし，好きな内容，苦手な内容を明確にするより，どの内容においても，教師が万全な準備を行い，丁寧に子どもと対話をしていく中で，子どもの表現に対して，意味付け・価値付けという評価を繰り返すことが大切となるでしょう。

小学生ならではの考えには，どんなものがあるか

▶**子ども独自の表現**

　子どもの考えは，子ども独自の表現で表されます。その表現は，大人から見ると非科学的に見えることもありますが，どの子どもも科学的に考えた結果，自己の思考の表出としてことばや絵で表現することが少なくありません。

▶**子どもの表現の具体例**

　図4-2は，小学校4年生の子どもが表現したイメージ画です。
　この子どもは，直列回路の電気の流れを「おにごっこのようなかんじ」と表現しています。そして，結果の数値を考えあわせて，電池1個の回路と直

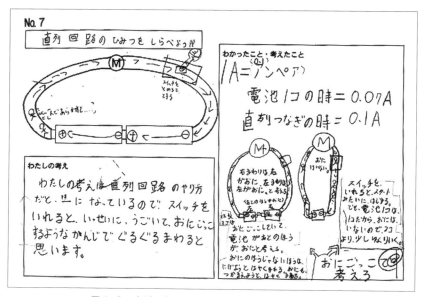

図4-2　直列回路の電気の流れに関する子どもの表現例

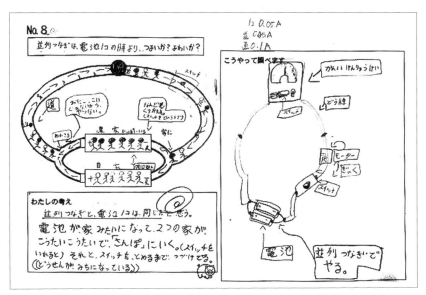

図4-3 並列つなぎの電流の強さに関する子どもの表現例

列回路の比較を考察しています。図4-3の子どもは，並列つなぎの電流の強さを「電池が家みたいになって，2つの家がこうたいで『さんぽ』にいく」と表現しています。これは，電池1個のときとの比較で，実験の予想をしています。

▶子どもの比喩表現

子どもは，図4-2の「おにごっこのような」や図4-3の「家みたい」「さんぽ」のように，比喩表現を思考の表出として多用します。比喩は，メタファ（metaphor）とシミル（simile）が有名です。メタファは，「暗喩・隠喩」と呼ばれ，シミルは「直喩・明喩」と呼ばれます。形の上からは，「……のような」ということばが入っているのがシミルで，入っていないのがメタファだという区別があります。一見，稚拙に見えるこれらの表現も，丁寧に見てみると科学的に，論理的に導出されていることがわかります。教師は，このような表現をしっかりと価値付け・意味付けする必要があります。

理科で小学生がつまずくのは，どんな内容か

▶子どもの表現は，修正される

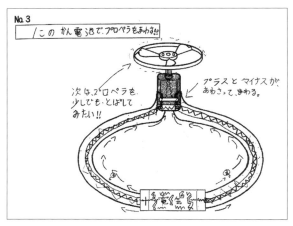

図4-4　子どもの表現例（実験前）

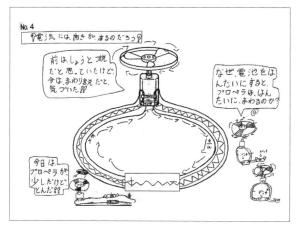

図4-5　子どもの表現例（実験後）

　左の表現は，4年「電気の働き」における子どもの表現です。

　当初，この子どもは，図4-4のように，＋の電気と－の電気が合わさってプロペラが回る「衝突説」を考えていました。しかし，電池の向きを変え，簡易検流計で針の向きを調べる実験を経て，図4-5のように，「まわり説」と考えるようになったと記録しています。

　ここから，理科の学びの姿が見えてきます。たとえ，一見つまずいているような見方や考え方でも，授業の中で再構築・修正していくのが理科学習の姿です。

▶平成27年度全国学力・学習状況調査の結果から

　日本の子どもの理科における学力を調査するために，平成27年4月21日，全国学力・学習状況調査が実施されました。この調査によると，小学校6年生では，観察，実験の結果を整理し考察することについて，得られたデータと現象を関連付けて考察することは相当数の子どもができていますが，実験の結果を示したグラフをもとに自分の考えを改善することに課題があることが判明しました。この調査結果を導いた設問の分野は，5年「物の溶け方」，4年「温まり方の違い」ですが，これらが子どものつまずく内容とは考えられません。この調査結果は，日本の子どもに，観察，実験の結果などを整理・分析した上で，解釈・考察し，説明することに課題があることを提言したのです。これは，分野的なつまずきというよりは，授業の問題点を明らかにしていると思われます。現場で行われている授業が，教師から与えられた問題において，観察，実験を教科書通りに行い，結果を発表するような形であったとするならば，今回の結果にもうなずけます。すなわち，今回の結果は，指導する側の教師に対して，授業における結果から考察に至る場面の充実を提言しているといえます。

▶そもそも"つまずき"があるのか

　そもそも子どもの考えにつまずきはありません。1980年代に，素朴概念（naive conception），誤概念（misconception），オルタナティヴ・フレームワーク（alternative frameworks）などと呼ばれる研究が盛んに行われ，子どものつまずき研究もその中に位置していました。しかし，子どもなりの見方や考え方の多くは論理一貫しています。確かに，大人の科学的な判断に基づいてみると，非科学的な見方や考え方と捉えられるものもあるかもしれません。図4-4，図4-5における子どもの電流に関する見方・考え方も，非科学的といえるかもしれません。しかし，それらは子どもが自然の事物・現象に対峙し，生み出した見方や考え方であるはずです。そこにつまずきという考えは存在しないことになります。

第 5 章

小学生が興味をもつ
おもしろい理科授業とは，何か

― 理 科 授 業 の 方 法 ―

解決すべき4つの問題

5－1：理科が苦手な教師でも，授業はできるのか

5－2：教科書を使わない理科授業も許されるのか

5－3：小学生なりの考え方を，どのように授業で取り上げて発展させるのか

5－4：小学生が自ら学習に取り組むように促すには，どうすればよいのか

解決へのとびら

小学校の先生を調査対象とした理科教育の実施状況に関する調査では，「理科で教える内容は好きだが，実際に指導するのがあまり得意ではない」という回答が多いという結果が報告されています。一方で，子どもは理科を好きな教科の一つに挙げることも多く，子どもの願いや期待に沿う理科授業や理科の指導法の在り方が様々に模索されています。第5章の前半では，子どもと一緒に理科授業を作り出すという視点に立ち，授業への臨み方等について考えます。そして，後半では，子どもなりの自然科学の解釈とそれらを生かした授業，新たな理科の学力観や動機付けの観点から，子どもの能動的（主体的）な学習を促進するための方法について解説します。

5-1

理科が苦手な教師でも，授業はできるのか

▶小学校の先生は理科が好きか，苦手か

　平成24年および平成27年実施の全国学力・学習状況調査では，小学校の先生に理科の指導方法に関する調査を行っています（表5-1）[1][2]。これらの調査結果から，小学校で理科を教える先生方は，学習内容に対する発展・補充的な学習よりも，学習内容の「実生活との関連」や「科学的な体験や自然体験」を重視して，理科授業での「自然事象の実感を伴った理解」を育むための指導方法を考えていることがわかります。

　また，少し前の調査になりますが，科学技術振興機構等が平成20年度に実施した小学校理科教育実態調査[3]では，小学校で学級担任として理科を教える教員の約9割が理科全般の内容について「好き」と感じているものの，約5割は理科の指導を「苦手」または「やや苦手」とも感じており，教職経験年数が10年未満の若手教員ではその割合が6割を超えていることが報告されています。さらに，約7割は理科の指導法についての知識・技能が「低い」または「やや低い」と感じており，この割合も，教職経験10年未満の教員で特に高くなっているという実態が明らかにされています。

表5-1　理科の指導方法に関する質問紙調査 [1][2]（学校質問紙調査・小学校）

質問項目 （理科の指導として，前年度までに）	回答の割合	
	平成24年	平成27年
補充的な学習の指導を行った	約51%	約56%
発展的な学習の指導を行った	約43%	約48%
実生活における事象との関連を図った授業を行った	約74%	約80%
児童生徒が科学的な体験や自然体験をする授業を行った	約82%	約84%
理科専科教員が配置されていた	約24%	—
理科の授業やその準備において，観察実験補助員が配置されていた	—	約13%

▶「理科が苦手なので……」

　教員養成課程で学ぶ大学生にも,「理科が苦手なので……」と話す方々が多くいます。「公式にあてはめたり,暗記して問題を解いたりするのがあまり得意ではない」「実験に自信がない」という意識が苦手の背景にあることも多いのではないかと思います。もちろん,実験等で得られた数値から規則性を見いだす場面も,自然科学の学習では多々あります。

　小学校の理科では,「自然に親しみ,理科の見方・考え方を働かせ,見通しをもって観察,実験を行うことなどを通して,自然の事物・現象についての問題を科学的に解決するために必要な資質・能力を育成することを目指す(一部抜粋)」という目標が,平成29年3月告示の小学校学習指導要領に掲げられています。この目標から理科の授業で重視すべきことを読み取ると,単なる学習の成果としての知識や技能に目を向けているだけではなく,自然に対する子どもの認識を豊かにするための過程（プロセス）に着目していることが理解できます。

▶理科が苦手な教師ではなく,子どもと一緒に「問い」続ける教師に

　実際に授業をするのであれば,「なぜ,このことをするのか？」「このことから,何がわかるのか？」を,目前にいる子どもの理解の状況に応じて考えていくことが求められます。理科が苦手か否かではなく,子どもと一緒に「なぜ」,つまり「問い」を追究しようとする教師が必要とされているのです。

---

(1)　国立教育政策研究所「平成24年度　全国学力・学習状況調査　調査結果のポイント」2012.（2018年2月現在 閲覧可能）
　　http://www.nier.go.jp/12chousakekkahoukoku/02point/24_chousakekka_point.pdf
(2)　国立教育政策研究所「平成27年度 全国学力・学習状況調査 調査結果のポイント」2015（2018年2月現在 閲覧可能）
　　http://www.nier.go.jp/15chousakekkahoukoku/hilights.pdf
(3)　科学技術振興機構・国立教育政策研究所「平成20年度小学校理科教育実態調査　集計結果（速報）平成20年11月」2008.
　　http://www.jst.go.jp/cpse/risushien/elementary/cpse_report_004.pdf

5-2 教科書を使わない理科授業も許されるのか

▶理科授業におけるカリキュラムとは

　小学生が理科授業で学ぶべきことは，学習指導要領で規定されています。この学習指導要領のように，学習の目標や内容を示したものを，一般に，「カリキュラム（curriculum）」といいます。カリキュラムの語源は，ラテン語の「競走馬の競走路」にありますが，日本では，カリキュラムを計画やプログラムのような公的な枠組みで捉える傾向があり，「教師の働きかけ，子どもの学習経験と評価をも含む包括的な概念」と認識する英国や米国などの諸外国とは異なって使われることが多いようです。

　また，近年の文化人類学や認知科学の研究動向をふまえると，図5-1に示すように，カリキュラムは大きく2つに分類することができ，そして，2つのカリキュラムは密接に関係しています。

　顕在的カリキュラムは，意図的・自覚的な「プラン・プログラム」であり，文字通り「目に見える」カリキュラムであるのに対し，潜在的カリキュ

カリキュラムの種類	学習内容
顕在的カリキュラム (manifest curriculum)	指導計画として教師が構想するもの，あるいは教科書の内容として表されている学習内容
潜在的カリキュラム (hidden curriculum)	子ども固有の視点からの情報へのアクセスにより構想される学習内容

図5-1　顕在的カリキュラム・潜在的カリキュラムと，その相互作用[1]

ラムは「目に見えにくいもの」，つまり教師による明示のない状態で子どもに伝達される規範，行動様式，態度なども含んでいます。

▶教科書を使わない授業も許されるのか

　授業は子どもの能力を熟達させるために行われるのですが，知識や技能の定着を意識するあまりに，教師主導で理科授業が立案されることが多いのが実状です。しかし，実際に授業で学習するのは子どもであり，教科書の内容の流れに沿った授業を構想しても，子どもの疑問や考えを受け止めようとすればするほど，予定調和的に授業が展開することにはなりません。

　小学校の授業における教科書の使用義務は法令（学校教育法）に規定があり，この意味においては，教科書を使わない授業は許されていません。しかし，教科書を単に用いればよいのではなく，理科授業で子どもに「何を伝えたいのか」を明確にした上で，子どもの理解の状況に応じた学習材（教材）を配置することが重要です。教科書は子どもにとって身近な「自然事象を学ぶための学習材」となりますが，上手に活用するための工夫も必要です。

▶教科書を上手に活用するために

　子どもの学びの実状に沿った授業を展開しようとするのであれば，教師が授業構想をより入念に検討する必要があります。そのため，これから子どもが学習する単元の内容について，教師は学習指導要領等で到達すべき目標や学習内容，指導上の留意点などを確認し，学習内容に関する子どものレディネスを把握しておく必要があります。また，子どもの理解の状況に応じて，「学習内容について，どこまで子どもが追究できるのか」や，「子どもの興味・関心や疑問に応じて，展開を入れ替えられる場面がどこにあるのか」をあらかじめ検討しておくと，落ち着いて授業に臨むことや授業を省察することができます。これらの子どもの学びに対する思いや願いを大切にしようとする教師の姿勢は，潜在的に子どもにも伝わっていきます。

---

(1)　森本信也『子どもの学びにそくした理科授業のデザイン』pp.18-24，東洋館出版社，1999．

5-3 小学生なりの考え方を，どのように授業で取り上げて発展させるのか

▶子どもなりの解釈による「子どもの科学」の存在

　学習者である子どもは，科学的知識や概念を教えられたとしても，子ども自身で「固有な理解」をするために，科学的知識や概念を習得できなかったり，問題を解くことができなかったりすることが指摘されています。

　子どもが「科学を学ぶ」という状況においては，図5-2のような科学の在り方が想定でき，特に，子どもが理科授業で用いることのできる既有の知識は，子どもの科学（Sch）と生徒の科学（Sst）であると，ギルバードらは指摘しています。つまり，学習者は「精神的に白紙」の状態で理科授業に臨むのではなく，これまでの経験や学習をふまえて問題の解決を図ろうとすることを，教師は授業立案の際に念頭に置く必要があります。

子どものまわりにある科学	説　明
科学者の科学（Ssc）	科学者共同体でコンセンサスを得ている実践の科学
カリキュラムの科学（Scr）	公的に規定された学校理科
教師の科学（St）	カリキュラムを教師なりに翻訳した科学
子どもの科学（Sch）	日常経験の中で構成した知識
生徒の科学（Sst）	子どもの科学と教師の科学の相互作用の結果として構成された知識

図5-2　科学の多元的な在り方

出典：ギルバート，J.K.・ワッツ，D.M.・オズボーン，R.J.「事例面接法による生徒の意識調査」，ウエスト，L.H.T・パインズ，A.L.（進藤公夫監訳）『認知構造と概念転換』，pp.25-46，東洋館出版社，1994．

▶子どもなりの解釈による「電流の流れ方」を生かした授業展開[1]

図5-3は、小学校4年生が考えた簡単な回路中の電流の流れ方を示したものです。この授業で教師は、子ども自身の考えや他者の考えを説明し合い、相違点を話し合いながら理解を深めることを目的としていました。

このように科学的な知識の正誤を問題とするのではなく、まず子どもが学習対象の事象をどのように理解しているかを表現できるように、教師が支援していくことが大切です。

授業では、子どもの考えを教師と子どもが「○○説」としてまとめ、図5-4の各説の問題点を学級で共有し、回路に電流計を複数入れて実験することで、自分たちが予想した3つの説が違うことを子どもに気付かせました。その後、子どもの「新たに生じた疑問」の解決に向けて発光ダイオード（LED）等を用いた実験を行い、回路中の電流の流れる様子や向きの理解を深めました。

上記の事例は、子どもたちが話し合いながら自分や他者の考えの矛盾点に気が付くことが、学習内容の深い理解に寄与することを示しています。学習内容を効率よく説明する授業ではなく、子どもなりの解釈を理解しながら、授業展開を検討し、必要に応じて修正していくことが大切です。

図5-3　子どもが表出させた「電流の流れ方」についての考え

- 「おしごと説」では、導線を進むときには仕事をしていないのか？
- 「しょうもう→回復説」や「ぶつかり説」では導線が片方だけ長かったらどうなるのか？
- 「ぶつかり説」では、乾電池2個のときの説明はどうするのか？

図5-4　話し合い場面で表出した子どもの疑問

---

(1) 河村卓丸「4.1ノートや学習シートの工夫」、森本信也編著『考え・表現する子どもを育む理科授業』pp.112-125、東洋館出版社、2007.

小学生が自ら学習に取り組むように促すには，どうすればよいのか

▶理科学習に何が求められてきているのか：新しい理科の学習観とは

　平成29年3月告示の小学校学習指導要領の理科の目標には，「見通しをもって観察，実験を行う」という表現があります。理科の学習では子ども自らが主体的に問題解決していくこと，すなわち，子どもの能動的な学習が求められています。子どもの能動的な学習を促進するための授業の在り方として，「自己調整学習（Self-Regulated Learning）」が注目されています。

　例えば，小野瀬らは，ピントリッチ（Pintrich, P. R.）らの自己調整学習の研究から，理科学習における子どもの学習動機である「学習を動機付ける信念」と実際に子どもが学習場面で行う「自己調整学習のストラティジー」を抽出し，「子ども自身が自分の学びを理解（把握）して，次に何をなすべきかを調整（コントロール）する」という子どもの学びについて報告しています[1]。同様に，森本は自己調整学習に関する海外での研究動向をふまえ，「自己調整学習の成立には子ども自身のメタ認知が欠くことができない」ということを説明しています（注：メタ認知とは高次の認知，つまり，「何がわかっていて，何がわかっていないのか」を自分自身が知ること）[2]。

　よって，理科授業の各場面（「解決すべき学習問題（問い）を導く」場面，「予想や仮説を立てて，観察，実験する」場面，「観察，実験の結果をふまえて，自分の考えを導く（考察する）」場面，「学習問題についての結論を得るために，学習活動を振り返る」場面）で，子どもは自らの考えやそれらに基づく観察や実験等を理解し（把握し），必要に応じて自分の考えや学習活動を調整（コントロール）していくことが求められています。

▶子どもの理科学習に対する動機付けについて

　子ども自ら学習に取り組むように促すためには，上述した「自己調整学

習」の要素を理科学習に組み入れていくだけでなく，子どもの理科学習に対する学習動機についても理解しておくことが，教師には必要です。森本は，表5-2に示すように，子どもたちの学習の方向性を左右する動機付けは2つの種類に分類できるとしています。また，これらを交互に織り交ぜて学習に取り組んでいくことの必要性も指摘しています[3]。

前時の「わかった」という達成性の動機付けが，次時の「こんなことをしてみたい」というコンサマトリー性の動機付けにつながったり，あるいは「おもしろかった」というコンサマトリー性の動機付けが「そのことを知りたい」という達成性の動機付けにつながったりすることがあるのです。

このような学習動機の連鎖が，子どもの学習活動を自発的に促します。

観察，実験等が子どもにとって「おもしろい」「楽しい」活動であることを大切にしていくとともに，「なぜか？」「どうしたら知りたいことを調べられるのか？」といった子どもの考えを支援する手立てをあらかじめ教師が考慮し，子どもと共に考え，確かめようとすることが授業づくりでは大切です。

表5-2 子どもたちの学習の方向性を左右する2つの動機付け

動機付けの種類	説　明
達成性の動機付け	「手段—目標分析」に基づいて結果を追究しようとする動機付け。 ある特定の目標を達成するために，そこに到達するために必要な作業を段階ごとに細かく分析し，それを一つひとつ解決していこうとする意志のこと。
コンサマトリー性の動機付け	あることを行うプロセス自体が現下の目標とされること。 コンサマトリーとはconsummate（成し遂げる）という意味から作り上げられた用語であり，遠い目標達成というよりも，いままさに自分の関心事を完遂させようとする意志のこと。

注：「手段—目標分析」とは，ある目標を達成するための手段を考え，その手段を用いるための状態を下位目標と設定し，その下位目標を一つひとつ達成することで，最終目標にたどり着こうとする考え方のこと。

(1) 小野瀬倫也・村澤千晴・森本信也「理科における自己制御的学習支援に関する研究」，『理科教育学研究』48（3），pp25-34，2008．
(2) 森本信也「自己調整学習のもとでの科学概念変換」（第4章第1節），日本理科教育学会編著『今こそ理科の学力を問う—新しい学力を育成する視点—』pp.120-125，東洋館出版社，2012．
(3) 森本信也『子どもの論理と科学の論理を結ぶ理科授業の条件』pp.89-98，東洋館出版社，1993．

第6章

理科の評価は，テスト中心か
－理科評価の方法－

解決すべき4つの問題

6－1：なぜ小学校理科で評価をする必要があるのか

6－2：ペーパーテストだけで評価してよいのか

6－3：理科の成績はどのように付けるのか

6－4：指導要領と指導要録の違いは何か

解決へのとびら

　一般的に使われている「評価」という言葉は，いわゆる教育用語でいうと「評定」つまり，通知票に記載される「5」とか「4」といった成績を指して使われている場合が多いようです。大学生の皆さんも入学当初は同じように使っていたのではないでしょうか。また，観点別評価という言葉も導入されて10年以上が過ぎました。第6章では，評価の意味を再度捉え直し，授業の構想から成績を算出するまでの手続きや考え方について解説します。さらに，指導要領，指導要録という紛らわしい言葉の意味，取り扱いや位置付けを整理していきます。

なぜ小学校理科で評価をする必要があるのか

▶評価をする必要性

　標題にあるような質問をされたら，答えは「必要あり」です。たぶん，このような問いを投げかける人は，子どもの立場，大人の立場から「成績を付ける理由は何か」という疑問があってのことだと思うからです。もし，そうした疑問に答えるならば，保護者や子ども自身が現在の学習状況（伸びた力，伸ばしたい力など）について客観的な立場から指摘を受けることが必要であり，そうした理由から評価する必要があるといえるでしょう。ただし，ここで大切なことは，出された「成績」の妥当性や信頼性が担保されているかということです。

▶伸びた力，伸ばしたい力

　では，子どもの理科の学習状況を見て，十分力が付いた（伸びた）とか，もっと伸ばしたいという判定はどのように下したらよいでしょうか。例えば「3年生ならこれくらいできるはず」といった教師の思いだけで子どもの学習状況を判断するとしたら，それは客観的に行われているとはいえず，妥当性，信頼性に欠けるといわざるを得ません。

　そこで登場するのが学習指導要領の目標です。学習指導要領に示された目標は，その学年の「子どもに求められる力」を示しています。したがって，子どもの学習評価は，学習指導要領に示された目標に照らして行うことで目標の客観性を担保することができるといえるでしょう。

　目標に照らすといっても，目標そのものを使って評価をするのは実際にはやりにくいので，3つの評価の観点が設定されています。以下に示す3つの観点は，理科の目標の実現状況を読み取る視点といえるでしょう。

　①知識及び技能　　　②思考力・判断力・表現力等
　③主体的に学習に取り組む態度

※これら3つの観点は,平成29年度小・中学校新課程説明会における文部科学省説明資料に基づいており,変更される可能性があります。

▶評価ということばの意味

ところで,ここでいう「評価」とは何を意味するのでしょうか。教育の場面では「評価」と「成績」の意味は完全には一致しません。学期末や年度末の成績のことを指す場合には評定ということばを使います。

一般的に,「Aさんは,私を良く評価してくれる」「理科の評価が悪かった」のように使われることが多いでしょう。前者の場合,Aさんは,私の行動や成果物を見て,良いところを指摘してくれたり,今後にも成果が期待できると励ましてくれている場面が想像できます。後者はレポートやテストの点数が悪かったということでしょう。

授業場面でも同じような使われ方をします。普段の授業場面を想定すると,評価は,次のように分けられます。もちろん下の2つは重なる部分もあります。

①主に指導に生かす評価
②指導に生かすとともに記録して総括(評定)に生かす評価

▶主に指導に生かす評価

ここでいう評価は,子どもが学習を進める上で最も重要な評価です。例えば,「Bさんの考えいいね。もう一度みんなにわかるように説明してください」「Bさんの意見とCさんの意見,だいたい同じだけど,ここのところが少し違うようです。みんなはどう考えますか」といった評価です。子どもの考えを受け止めながら,その発展を促す即時的な評価,まさに評価の核心です。

▶指導に生かすとともに記録して総括(評定)に生かす評価

学習したことを1枚のポスターにまとめる。小テストをする。アルコールランプに火をつけて,消すという操作が正しくできる等,学習のまとまりごとに総括して評定に生かす評価です。

6-2 ペーパーテストだけで評価してよいのか

▶「ペーパーテストだけ」ではダメ

　前節では，学習指導要領の目標に照らした評価が重要であると述べました。では，学習指導要領に示された目標に照らして「おおむね満足できる」状況にあるのか否か，どのような方法で判断すればよいのでしょうか。

　ペーパーテストは評価方法の一つとして有効ですが，測ることができるのは，決められた時間の中でその子どもが書くことができる内容に限定されます。したがって，単元や学習活動の特質，子どもの発達の段階（例えば小学校3年生に文章で説明させることに無理がある場面など）によって，その方法を決めなくてはなりません。つまり，単元や学習内容の特質，子どもの発達の段階等に照らして評価の方法が妥当であるかを検討する必要があります。

　また，評価をより適切なものにするためには，多様な方法で評価を行って，対象となる子どもの学習成果について，多くの情報を得ることが大切です。ただし，過度に評価情報の収集に重きを置かず，「主に指導に生かす評価」と「指導に生かすとともに記録して総括に生かす評価」に区別して効率よく評価することが大切です。

▶評価の観点と評価方法

　理科では，子どもの学習評価は3つの観点で行います。表6-1は評価の観点と主な評価方法についてまとめたものです。ここでは，評価対象を発言，記述，行動としましたが，分析や観察の手法として以下のものがあります。

・発言…子どもの発言，つぶやき，会話（説明，討論）等

表6-1　評価の観点と評価方法の例

評価の観点	評価方法の例
①知識及び技能	発言分析，行動観察
②思考力・判断力・表現力等	発言分析，記述分析
③主体的に学習に取り組む態度	行動観察，記述分析

・記述…計画や観察記録カード，ペーパーテスト，ノート等
・行動…作品，面接テスト，実技テスト等

　客観的な基準を設け，3つの観点について，それぞれ「A：十分満足できると判断されるもの」「B：おおむね満足できると判断されるもの」「C：努力を要すると判断されるもの」のように3つの状況に判定します。

　※表6－1の評価の観点は，平成29年度小・中学校新課程説明会における文部科学省説明資料に基づいており，変更される可能性があります。

▶指導に生かす評価

　指導と評価を別物と考えるのではなく（指導と評価の一体化），学習指導の過程における評価を工夫することが大切です。つまり，子どもの学習状況を把握して，その後の指導に生かす評価です。

　子どもの学習の質的な状況を把握するためには，例えば「描画法」といった方法があります。これは，事象に対する考えを描画によって表現させる方法です。ことばや文章に依存せず，回答の内容も非常にオープンな形で子どもの理解の状況を把握するのに適しています。教師は，子どもの理解の状況を生かして次の指導を行います。以下はその例ですが，評価の手法は，研究者や実践者によって解釈や使用方法が異なり，枚挙にいとまがありません。

・描画法　　・概念地図　　・予測―観察―説明法　　・運勢ライン法

▶成績について保護者から説明を求められたらどうするか

　評価には妥当性・信頼性・公平性が担保されなくてはなりません。大切なことは，その評定（成績）が学習目標に対して，どのように指導と評価が行われた結果であるか，そのプロセスを説明できることです。また，教師は，プロセスの妥当性を主張するばかりでなく，子ども自身がどのように学習を進めてきて現状がどうであるかを資料をもとに説明しなければなりません。そうした学習成果の集積としてポートフォリオなどの活用が考えられます。

理科の成績はどのように付けるのか

▶学習評価の基本的な考え方

　理科の授業の目的の一つは，学習指導要領の目標を達成することにあります。ここでいう「理科の成績」とは，学習指導要領に示された目標に照らして，どのくらい達成されているかを示したものといえるでしょう（目標に準拠した評価）。また，学校教育法に基づき，新しい学習指導要領にも学力の3つの要素が示されています。

　これらをふまえ，3つの評価の観点が再整理されました。学習評価はこの観点に従って行います（観点別学習状況の評価）。学力要素と評価の観点が一致するように改訂されました。

表6-2　学力の3要素と評価の観点の対応関係

学力の3要素	評価の観点
基礎的・基本的な知識及び技能	①知識及び技能
思考力・判断力・表現力その他の能力	②思考力・判断力・表現力等
主体的に学習に取り組む態度	①主体的に学習に取り組む態度

▶観点別評価規準

　前項で挙げた学習指導要領の目標は，大きい順に教科目標，学年目標，内容のまとまり（「A物質・エネルギー」「B生命・地球」）ごとの目標，単元の目標というように示されています。これらの目標に対して3つの観点ごとに規準を作ります。といっても，すべてを学校や教師個人が作るのは大変な作業です。「評価規準の作成，評価方法等の工夫改善のための参考資料」が文部科学省から示されますので，これを参考にするとよいでしょう。

▶単元の指導と評価の計画

　次に単元ごとの指導と評価の計画を作成します。ここでは，単元の目標，単元の評価規準をふまえ，単元のどの「場面」で，どの「評価の観点」をど

んな「評価方法」を用いて評価を行うかの計画を立てます。そして，最終的に評価基準を定めます。ここでいう評価基準とは，ここまでできたらAにするなど，判定のための基準です。

▶観点別評価の総括

単元の評価計画に基づき，学習のまとまりごとに評価を実施します。表6-3は，ある単元の観点別評価を総括した表です。

このように，単元ごとの総括は，学期を区切りとしてさらに総括されます。これが，学期ごとの成績ということになります。さらに，学期ごとの総括は年度末に年度の総括として判定されます。この流れを示したものが図6-1です。本図では，1年間に4つの単元を前期，後期の2学期で学んだということが例示されています。

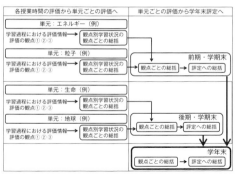

表6-3 観点別評価の総括例[1]

図6-1 評価から評定への流れ

▶評価の観点ごとの総括

表6-3のように観点別評価を「A：十分満足できる」「B：おおむね満足できる」「C：努力を要する」のように判定する場合，「AABBはA」「ABBBはB」といったように総括の仕方を決めておく必要があります。また，判定を数値化して蓄積した数値の合計点や平均値を用いる場合などもあります。

---

(1) 国立教育政策研究所『評価規準の作成，評価方法等の工夫改善のための参考資料【小学校理科】』文部科学省，2012を改編

6-4 指導要領と指導要録の違いは何か

▶学習指導要領

日本では，教育基本法に定める教育の目的や主旨を具現化するための学習指導と学習評価はおおむね図6-2のような流れにそって行われています（一部省略あり）。学習指導要領と指導要録は，ともに学校教育法施行規則を根拠に作られています。

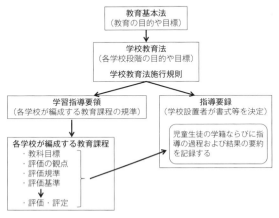

図6-2　学習指導要領と指導要録との関係

学習指導要領は，小学校，中学校などの各学校が教科等で教える内容を学校教育法施行規則に基づいて決めたものです。学習指導要領の内容は，小学校の場合，総則，各教科，特別の教科　道徳，特別活動などからなっています。学習指導要領そのものは，大綱的な基準であるため，記述の意味や解釈などの詳細については，学習指導要領解説においてなされています。

▶指導要録

指導要録は，児童・生徒の学籍ならびに指導の過程および結果の要約を記録し，その後の指導および外部に対する証明等（例えば内申書など）に役立たせるための原簿となるものです。また，指導要録は，学校において備えなければならない表簿として定められています。こうしたことから，指導要録には学籍に関する記録（様式１）と指導に関する記録（様式２）があります。指導要録の書式は学校設置者（公立学校の場合は教育委員会）が決めま

様式2（指導に関する記録）

児童指名		学校名		区分\学年	1	2	3	4	5	6
				学　級						
				整理番号						

各教科の学習の記録
Ⅰ　観点別学習状況

教科	観点\学年	1	2	3	4	5	6
国語	国語への関心・意欲・態度						
	話す・聞く能力						
	書く能力						
	読む能力						
	言語についての知識・理解・技能						
社会	社会的事象への関心・意欲・態度						
	社会的な思考・判断・表現						
	観察・資料活用の技能						
	社会的事象についての知識・理解						
算数	算数への関心・意欲・態度						
	数学的な考え方						
	数量や図形についての技能						
	数量や図形についての知識・理解						
	自然事象への関心・意欲・態度						
体育	運動や健康・安全への関心・意欲・態度						
	運動や健康・安全についての思考・判断						
	運動の技能						
	健康・安全についての知識・理解						

Ⅱ　評　定

学年\教科	国語	社会	算数	理科	音楽	図画工作	家庭	体育
3								
4								
5								
6								

外国語活動の記録

観点\学年	5	6
コミュニケーションへの関心・意欲・態度		
外国語への慣れ親しみ		
言語や文化に関する気付き		

総合的な学習の時間の記録

学年	学習活動	観点	評価
3			

特別活動の記録

内容	観点\学年	1	2	3	4	5	6
学級活動							
児童会活動							
クラブ活動							
学校行事							

図6-3　指導要録[1]（小学校　様式2　抜粋）

すが，文部科学省から参考様式が示されています（図6-3）。このように，指導要録における教科の学習記録は，学習指導要領の目標に照らして，「観点別学習状況」と「評定」を学年ごとに記録するものです。

▶通知表

通知表とか通信簿，あゆみ，など呼び方は様々ですが，多くの学校では学期末ごとに通知表を作成し，子どもの学習状況（指導の過程や結果）を保護者に知らせます。しかし，通知表の作成についての法的根拠はありません。

（1）　文部科学省「小学校，中学校，高等学校及び特別支援学校等における児童生徒の学習評価及び指導要録の改善等について（通知）」2010.

※図6－3は平成20年告示の小学校学習指導要領に基づいている。

第7章

生命教材に興味をもたせるには，どうすればよいのか

― 生命教材の分析と活用 ―

解決すべき4つの問題

7－1：動物が苦手な教師が，小学生に動物への興味をもたせることは可能か

7－2：カエルや虫などが苦手な小学生に，どのように対処すべきか

7－3：動植物の飼育栽培は，どのように進めればよいのか

7－4：昆虫の体のつくりの観察や学習で，よい方法はあるか

解決へのとびら

昆虫を触ることも見ることもできない"虫嫌い"の自分でも，授業ができるかどうか，不安に感じている教師は相当数に及びます。特に，女性の教師に"虫嫌い"の傾向が顕著に見受けられるようです。一方，このような傾向は教師だけに限らず，昆虫や他の動物を苦手とする小学生も多数存在します。まず，第7章の前半では，昆虫や他の動物を苦手とする教師にもできる授業づくりの方法や，昆虫や他の動物を苦手とする小学生に対する指導方法を紹介します。後半では，動植物の飼育栽培・継続観察の進め方をはじめ，動物教材がはじめて導入される3年「昆虫の体のつくり」の教材分析・授業展開例を提案します。

7-1

動物が苦手な教師が，小学生に動物への興味をもたせることは可能か

▶なぜ，動物嫌いになるのか―動物恐怖症について―

　いろいろな原因が考えられますが，小さな頃のトラウマ（trauma）を挙げることができます。このことばをはじめてこの意味で使用したのは精神分析学者のフロイト（Freud, S.）で，個人にとって心理的に大きな打撃を与え，その影響が長く残るような体験（精神的外傷）のことを指します。例えば，自分の背中に虫を入れられた体験や，ヘビに触れたときの忘れられない感触などがトラウマになり，動物嫌いに陥ってしまうのです。

　このようなトラウマなどによって引き起こされる恐怖症と呼ばれる神経症があります。人によって程度の違いはありますが，ある特定の事物に対して，そう感じる意味がないことを知りながら，恐怖を感じる神経症です。その一つが動物恐怖症[1]であり，医学的にも認知されているものです。

　日常生活にほとんど支障がない人の場合には，治療するまでもないでしょう。しかし，少なからず，動物に恐怖を感じる人に対しては，接触等の強要は極力避けるべきです。ましてや，涙を流すほどに強いることなどは絶対避けなくてはなりません。症状がさらに悪化（深刻化）してしまうからです。焦らないで，徐々に動物に触れて，慣れていってもらうことが大切です。

▶実際の理科授業では，どうすればいいのか

　3つの方法について紹介します。まず1つ目は，理科授業開きのときに，次頁のような話をすることです。そうすることで子どもからの頼もしい声援や支援が得られるはずです。

　2つ目は，学級内の動物好きな子どもの力を借りることです。まさに，教師と子どもが協同で作り上げる授業です。その際，最低限，どの場面でどの

> 「先生は，小さな頃に…（各教師それぞれのトラウマ）…という出来事があって，今でも昆虫がずっと苦手です。少しずつなおそうと努力していますが，授業のときには，皆さん，助けてくださいね」

ような手助けをしてもらうのかを明確にしておく必要があります。教師自身の手に負えないからといって，観察・実験を全く行わず，テレビの教育番組やビデオ映像だけで済ます授業は避けなくてはなりません。

最後の1つは，動物に極めて強い恐怖感を抱いている教師向けの方法です。同学年の動物好きの教師に授業をお願いしたり（授業交換），理科専科や理科支援員がいれば，その先生に授業をお願いしたりすることが考えられます。

▶教師自身の努力も必要！

無理は禁物ですが，教師自身が動物好きになるように少しずつ努力していくことも不可欠です。全国の小学校の中には，全職員で校内にいる虫を探索して，教師自身が虫に慣れるような研修を開いているところもあります。以下に，研修に参加した先生の感想を2つ示しておきます[2]。

> 「自分が触れるようになったら，はじめて，『先生も触れるんだね！』って，いろいろ話してくれるようになりました」 （事例1）
> 「私は今も虫が苦手ですね。でも，昼休み，子どもがダンゴムシを持ってくるんです。…＜中略＞…虫を通して子どもたちと関わっていきたいと思っています」 （事例2）

このように，昆虫などの動物は，理科授業の中で教師と子どもをつなぐインターフェイス（接面）としての役割も担っているのです。動物に触れられるような研修の機会などがあれば，積極的に参加するとよいでしょう。

---

(1) 氏原寛ほか編『心理臨床大事典（改訂版）』培風館，2004．
(2) 季刊「食農教育」No.69，2009．

カエルや虫などが苦手な小学生に，どのように対処すべきか

▶動物を触れない子ども

　身近な生き物との触れ合いが少なくなったこともあり，動物を触れない小学生が相当数存在します。調査[1]によると，都市部の男子の場合，トンボ（6％），チョウ（8％），クワガタ（4％），ザリガニ（11％），カエル（21％），およびヘビ（41％）となっています。女子の場合はさらに深刻で，トンボ（23％），チョウ（20％），クワガタ（26％），ザリガニ（35％），カエル（53％），およびヘビ（66％）という結果が出ています。

　このように，理科指導に当たっては，動物に対する子どもの受け止め方やその性差について，実状を十分ふまえる必要があります。

▶無理強いは禁物！

　前節でも取り上げたように，動物に恐怖を感じている（動物恐怖症の）子どもに対して，動物との接触などの強要は避けなくてはなりません。せっかくの楽しい理科授業が台なしになるだけでなく，症状がさらに悪化してしまうからです。学級全員が小動物を直接手で触れるようになったという授業実践も散見されますが，必ずしも推奨されるべきものではありません。

▶動物恐怖症の程度の把握から指導へ

　まず，教師側で，当該の子どもが「どんな小動物に対して，どの程度，苦手なのか」を把握しておく必要があります。例えば，次頁の小学生A・B・Cの実態をふまえながら，以下のような指導を行うことが考えられます。

　①小学生Aに対する指導
　虫好きな子どもと一緒にグループを編成して，その中で昆虫学習を展開し

> 「カブトムシを触れるけど,手で持てない」 （小学生A）
> 「カエルが触れないし,見るだけでも気持ち悪くなる」 （小学生B）
> 「毛虫を見ることも触ることも,写真や絵もダメ」 （小学生C）

ていきます。具体的には,虫好きな子どもに虫を持ってもらうなど,協同的な学習を設定するとよいでしょう。

②小学生Bに対する指導

生体としてのカエルではなく,カエルを表現する他の媒体を使用することが考えられます。具体的には,写真や絵図などのインターネット資料（動画も含む）や他の印刷物の使用です。

③小学生Cに対する指導

生体としての毛虫も,インターネット資料などの使用も避けなくてはなりません。教師の言語（話しことば等）による指導や,他の子どもの観察結果を傾聴させながら,科学的理解を促すように仕向けていきます。

▶動物好きの子どもによる働きかけ

教師からの働きかけだけではなく,動物好きの子どもの力を借りることも考えられます。実際,動物好きな子どもからの友達目線での語りかけ（「僕がちゃんと持っているから,安心して」「大丈夫だから,ちょっと触ってみない？」「かわいいよ！　持ってみて」）などを通して,授業時間内で軽度の動物恐怖症が部分的に改善される場合もあります。「Dさんに持てるのだから,私にだって持てるはずだ」という一種の自己暗示が生じるためだとも考えられます。

ただし,その際,動物好きの子どもにも,動物嫌いの子どもに対する無理強いは禁物であることを,しっかりと伝えておきましょう。

---

(1) 島村雅英ほか「身近な生きものについてのアンケート調査結果」横浜市環境科学研究所報,第25号,2001.

動植物の飼育栽培は，どのように進めればよいのか

▶どのような種類の動植物が飼育栽培されているのか

　小学校の中庭ではウサギやニワトリ等の小動物や，ヘチマやヒマワリ等の植物が飼育栽培されている光景を目にすることがあると思います。また，各教室に目を向けてみると，バッタやカブトムシ等の昆虫やメダカやドジョウ等が飼育されていたり，アサガオやホウセンカなどが栽培され綺麗な花を咲かせたりしています。理科では，こうした動植物の飼育栽培を通して，生命の連続性（個体維持・子孫維持）などの概念の理解を目指しています。

▶動物飼育の留意点

　①学習上の留意点

　例えば，3年では昆虫の成長や体のつくりについて学習します。実物を継続的に観察することは，様々な気付きや発見を促すとともに，実感の伴った理解へとつながっていくため，積極的に昆虫を飼育してみるとよいでしょう。子どもには，飼育対象となる昆虫自体の生態や食性について調べ，理解する活動に取り組ませます。図書館の本やインターネット等の利用や，既に飼育経験のある周囲の子どもに聞くことも一策でしょう。ヤゴの飼育の場合であれば，「肉食性で，生きている小動物（イトミミズなど）を食べるため，5年で取り扱うメダカを一緒に飼ってはいけない」こと等を知るはずです。また，ヤゴの場合であれば成虫に変態するプロセス，メダカであれば受精卵から子メダカに至るプロセスについて考えさせ，予想や仮説を立てさせれば，継続的な飼育・観察活動への意欲的な取り組みを引き出すことも可能です。

　②管理上の留意点

　例えば，5年で扱うメダカは，環境が揃えば順調に産卵するため，生命の

連続性の理解には格好の教材です。

　一方，単元終了後，メダカの水槽はそのまま放置され，水質が悪化し，メダカが全滅してしまう光景を目の当たりにすることがあります。これでは，せっかくの生命の連続性の学習も無意味になってしまいます。メダカを飼育できる環境にある家庭に持ち帰らせたり，動物を飼育する際には，図7-1のような飼育活動日誌[1]等も活用したりしながら，生命尊重の精神を育んでほしいと思います。

年　月　日（　）	天気
時刻	時　分〜　時　分
記録者	
係りの名前	
動物の名前	
世話の内容	
エサ	与えた・与えない
水	与えた・与えない
そうじ	できた・できない
健康チェック	できた・できない
後かたづけ	できた・できない
《気が付いたこと，次の人に伝えたいことなど》	
先生から	

図7-1　飼育活動日誌（例）

▶植物栽培の留意点

　①学習上の留意点

　春から夏（もしくは初秋）にかけての栽培活動になりますが，いずれの場合も子どもなりの予想や仮説を携えて，栽培活動や観察活動に取り組ませることが大切です。上記した動物飼育同様，3年のヒマワリの栽培であれば，「一粒の種の中身がどうなっていて，発芽後どのように育っていくのか」を考えさせ，予想や仮説を立てた上で，その都度，予想や仮説と観察結果とを比較・照合させれば，主体的かつ継続的な取り組みを引き出せるでしょう。

　②管理上の留意点

　小学校で扱う植物は，どれも比較的容易に栽培することができます。最大の問題点は夏休み中の植物の管理です。終業式の日，植木鉢を重たそうに携えて下校する子どもの姿を見かけることがありますが，交通安全上，極めて危険です。当番を決めて子どもを登校させて水やりを行わせることにも，不審者との遭遇などの危険があります。やはり，保護者に持ち帰ってもらうか，水やりを欠かさないように教師側が輪番で世話をする必要があります。

　（1）　日本初等理科研究会『学校における望ましい動物飼育のあり方』p.51，2006.

第7章　生命教材に興味をもたせるには，どうすればよいのか

7-4 昆虫の体のつくりの観察や学習で、よい方法はあるか

▶ **理科教科書における取り扱いについて**

3年では、昆虫の観察・飼育等を通して、昆虫の仲間には共通した性質（共通性または同一性）と多様な性質（多様性）があることへの気付きを促していきます。そして、ほとんどの教科書では図7-2のような流れで、学習活動が展開されています。

手順1）昆虫の概念規定の提示
　モンシロチョウの成虫の観察後、昆虫の概念規定「モンシロチョウのせい虫のからだは、頭・むね・はらからできていて、むねにはあしが6本あります。このようななかまを、こん虫といいます」を提示する。

↓

手順2）昆虫の概念規定の適用範囲の拡大
　手順1での概念規定を他の昆虫にも適用し、適用範囲の拡大後、「こん虫のせい虫のからだは、どれも、頭・むね・はらからできていて、むねにはあしが6本あります」という一般化を図る。

図7-2　理科教科書における学習展開

ところが、このような学習の流れでは、まず視覚情報から（見た目で）、頭・胸・腹を分けてしまうため、図7-3のようなカブトムシの体のつくりに対する誤解釈が表出することがあります。言い換えれば、脚のつく部分に着目せず、胸の背面に見られる前胸と中胸の関節部によって、胸と腹を分けてしまうというものです。

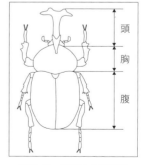

図7-3　子どもの誤解釈

▶もう一つの取り扱い方の提案

例えば図7-4の手順で学習を展開することが考えられます。

手順1）昆虫の概念規定の提示
　　　　昆虫の概念規定「こん虫のせい虫のからだには，あしが6本あります」
　　　　を提示する。
↓
手順2）昆虫の概念規定の適用範囲の拡大
　　　　手順1で示した概念規定を他の昆虫にも適用し，適用範囲を拡大する。
↓
手順3）胸と脚との関係に基づく体の三区分による，概念規定の再構成
　　　　「こん虫のせい虫には6本のあしがあり，あしがついている部分がむね
　　　　で，それより前が頭，後ろがはらです」という概念規定の再構成を図る。

図7-4　新たな学習展開の提案

まず，昆虫にはあしが6本あることを提示して（手順1），できるだけ多くの種類の昆虫を観察させます（手順2）。その後，頭・胸・腹の区分を示し，カブトムシなどの甲虫の仲間やコオロギなどのバッタの仲間の場合，背面に見られる前胸と中胸の関節では，胸と腹を区分できないことをしっかり理解させるのです（手順3）。図7-5 [1]のような腹面側の描画を併用することも考えられます。同時

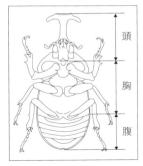

図7-5　腹面側の提示

に，頭には目などの感覚器官，胸には筋肉，腹には消化器官などがあることにも触れたいところです。教科書では，限られた種類の昆虫しか掲載されていません。特に，子どもたちにも人気が高いカブトムシ（甲虫目）などは，胸部のつくりが複雑なため敬遠されがちです。しかし，こうした昆虫の体のつくりがわかると，同一性と多様性の概念の理解はより深まります。できれば雌雄を含め，数多くの種類の昆虫を取り上げるとよいでしょう。

（1）塚原健将・佐々木智謙・佐藤寛之・松森靖夫「児童における昆虫の体のつくりに関する認識状態の分析」『日本理科教育学会 全国大会 発表論文集 第15号』2017.

第 8 章

地球教材に興味をもたせるには，どうすればよいのか

― 地球教材の分析と活用 ―

解決すべき4つの問題

8-1：月や星が苦手な教師が，小学生に天体への興味をもたせることは可能か

8-2：地球教材を活用した効果的な観察，実験の方法はあるか

8-3：泥水遊びになりがちな流水の働きの学習を，どのように進めていけばよいのか

8-4：夜にしか観察できない星座を，学校で学ばせる方法はあるのか

解決へのとびら

占星術や星にまつわる神話，太古の時代を生きた恐竜とその化石，そして高価な宝石など，地学分野には，ロマンを感じ興味がわくような内容がたくさんあります。しかし，これが理科の学習指導となると，教室内で実験ができない内容が多いことや，そもそも教師側が内容に対して十分理解できていないことなどの問題があり，子どもにそのおもしろさや不思議さを十分に伝えきれていないようです。第8章では，教師の中で苦手意識が大きいと思われる天文分野と地質分野を中心に，地球教材に対する興味を高めるための視点や方法について，具体的に解説していきます。

8-1 月や星が苦手な教師が，小学生に天体への興味をもたせることは可能か

▶得意にはなれなくても，手がかりとなる知識をもとう

　天文分野に対する苦手意識は，小学校の教師のみならず多くの大人に見られる傾向で[1]，月や星の見え方や動きに関する科学的な理解の不足が原因に挙げられます。例えば，小・中学校の理科で学んだ後に実際に夜空を眺めて確かめるとか，さらにもう一度，教科書などの記述を読み直して考えてみるといった，体験や経験と理論との結び付けが不十分であることが，この問題の背景にあると考えられます。

　月や星などの天体の世界は神秘的で美しいのですが，漠然と夜空を眺めるだけでは興味・関心は喚起されません。しかし，特徴的な星の配列を見いだしたり，星座の名称を知ったり，動きや明るさや色の違いに気付いたりすることができれば，少しずつ興味をもつようになると思います。つまり，月や星を観察する際の手がかりとなる知識が必要になるのです。教師として苦手意識があっても，星座名や天球上の位置，月齢など予備知識をもって指導に当たることを心がけるべきです。

▶月や星の観察は，方法や条件などを明確に指導することが大切

　子どもに苦手意識を植え付けないようにするために，十分に観察の計画を立て，あらかじめ準備してから臨むようにすべきです。

　月や星の観察記録を課題にする場合，自分の苦手意識も相まって，子どもの自由な観察に委ねてしまいがちです。しかし，大雑把な指示や確認だけで取り組ませてしまうと，月や星の特徴や規則性に対する子どもの気付きにつながらず，次時での観察結果を集約していく授業が進めにくくなります。

　基本的なことですが，観察前には観察のねらいを明確にして，観察方法や

記録の仕方などを子どもと一緒に確認しておくことが大切です。例えば，以下の点などは，必須項目になるでしょう。

- ・昼間のうちに観察場所を探して，観察する位置や目印などを決めておく。
- ・記録用紙には，あらかじめ目印になる建物や木などを記入するとともに，方位磁針を使って方位を確認しておく。
- ・観察の際は，間隔をあけて3回以上記録をとるようにする。

また，記録する際に星座カードを活用する方法がありますが，子どもたちが「星は一つひとつがばらばらに動く」と信じていないかどうか確かめた上で用いるようにする必要があります。

さらに，観察はどうしても夜間になるため，様々な危険を想定しておかなければなりません。特に野外で観察する場合は，家族などの大人と一緒に観察する等，安全確保のための指導が十分になされる必要があります。

▶月や星に対する子どもの理解や興味・関心を知る

子どもに興味をもたせることに向けて，もう一段学習指導を工夫してみようと考えるならば，月や星に対する理解や興味・関心の実態を把握して，それを授業実践に生かしていくとよいでしょう。

月や星は，普段から見慣れているため，本来の姿や特徴に気付いていないことがしばしばあります。例えば，月の色を薄い黄色と決めつけてしまう子どもがいますが，日没後に地平線近くに見られる月と深夜に南の空高くに見られる月の色の違いに気付くことができると，それだけで十分に興味ひかれる対象になっていくことでしょう。

また，宿泊体験学習などの機会をとらえて，実際に月や星を観察する時間をとると，この単元の授業時には子どもから月や星の特徴などの気付きを引き出しやすくなります。学習意欲の高まりも期待できるでしょう。

（1）松森靖夫「我が国における天文教育の危機的状況―季節変化に対する小学校教員志望学生の認識状態とその変容に基づいて―」，『地学教育』第58巻，第4号，pp.113-132，2005．

8-2 地球教材を活用した効果的な観察，実験の方法はあるか

▶地学分野は，基本的な概念である「地球」の理解を目指す

　地学分野の学習では，大地や天気など個々の自然事象を「地球」という見方や考え方に広げたり結び付けたりしながら捉えることが求められます。地球という視点で捉えられるようになるためには，①時間や空間の概念，②循環や閉鎖系（有限性）の概念，③自然界の平衡の概念，④システムとしての概念など，より広範で抽象的な考え方が必要になります。

　小学校では，身近な自然事象をもとに学習が進められるため，この４つの概念の十分な形成までを望むことはできません。しかし，効果的な観察，実験にするためには，これらの概念を見通し，つながる学習になるように教材や方法を検討することが必要になります。

▶「地球の内部と地表面の変動」の理解に関わる観察，実験とその留意点

　学習指導要領における「地球」を柱とする領域は，３つの側面に分けられてきましたが，今回の改訂でその名称が変更されました。「地球の内部と地表面の変動」「地球の大気と水の循環」「地球と天体の運動」です。

　「地球の内部と地表面の変動」では，４年に新単元「雨水の行方と地面の様子」が加えられ，生活経験における気付きから，５年「流れる水の働きと土地の変化」やその先の６年「土地のつくりと変化」へとつないでいけるような構成になりました。この３つの単元における観察，実験を通して，「地球」概念を構築していくためには，限られた地点や場所での観察結果を「線や面」に広げられるよう，観察結果を集約する段階でモデル図や模型等に表す学習を組み入れていくとよいと思います。モデル図や模型で表す際には，

4年から6年までの学習が結び付くように，町に降った雨が川に集まり土砂と一緒に流されて海に到達して堆積するというような，より広範囲なモデルを考えると，「地球」という見方につながっていくでしょう。

▶「地球の大気と水の循環」の理解に関わる観察，実験とその留意点

「地球の大気と水の循環」に関しては，5年「天気の変化」における気象観測，特に雲の観察が中心になります。気象観測は，ただ毎日記録をとるのではなく，「雲はどのように動いているのか？」「天気はどのように変わるのか？」といった問題意識を十分に醸成した上で，観察と記録に取り組ませることがポイントになります。

また，この学習では，自分たちがいる地域や場所の天気の様子とアメダスや気象衛星画像で見る地図上の天気の様子が結び付くように，地上からの視点と上空からの視点を行き来するような学習展開が構成できると，時間・空間の概念や循環の概念に及んで捉えられるようになるでしょう。

▶「地球と天体の運動」の理解に関わる観察，実験とその留意点

「地球と天体の運動」に関して特に留意したいのは，最も身近な天体である月や太陽の観察，実験です。6年「月と太陽」における観察，実験では，特に，月と太陽の位置関係を三日月や半月，満月といった見え方と対応させて捉えることが求められます。よって，漠然と月の形や色を記録するのではなく，太陽との位置関係に視点が向くような観察が必要になります。具体的には，月の表面の模様（クレーターや海と呼ばれる地形による色の違い）や地球照※が見られる三日月の様子に気付かせたいところです。

位置関係を理解するためには，太陽を光源，月と地球は大きさの異なるボールを用いて表す「三球体のモデル」による確認実験を行うと，空間的な理解が進むように思います。ボールに当たった光の地球からの見え方と，実際の月の写真やビデオ映像を比較する活動を組み入れると，さらに効果的です。

※地球照：太陽光が当たっていない月の部分が，地球に照らされてうっすらと見える現象。

泥水遊びになりがちな流水の働きの学習を，どのように進めていけばよいのか

▶流水実験を行う目的が十分に意識化されているか

　5年の「流水の働き」単元では，「侵食」「運搬」「堆積」の3つの流水作用を学ぶことを目的に，校内の築山などを用いて流水実験を行います。この実験では，作用が観察できる相当量の水を流す上に，屋外の場合は開放感も重なることから，どうしても泥水遊びになりがちです。

　遊びになってしまう最大の理由は，この実験で何を観察しなければならないのか，何を調べ確かめようとしているのかといった，観察，実験の目的が子どもに十分意識されていない可能性があることです。この実験を行う場合は，泥水遊びになりがちな実態をふまえ，観察，実験の目的を子どもたちが十分に確認し共有してから始めることが大切です。

▶視点をもって観察し，気付きと現象とを往還する学習活動にする

　実験の目的を子どもと十分に共有できた場合でも，流水の三作用に関する特徴的な姿を，この流水実験から必ず見いだせるとは限りません。

　侵食作用を例にとれば，指導者は，カーブした水路の外側部分の地形の変化に気付いてくれることを期待しつつ，「水の流れによって削られた部分がないか調べてみよう」と問いかけることがあります。実際，このような問いかけによって，子どもはカーブした水路の外側に侵食の証拠を見いだしたり，水を流し入れている上部の傾斜の急な場所が，谷のように深く削れている様子を指摘したりします。また，カーブの部分があまり削られていないと判断されれば，指摘してきません。

　侵食作用は，カーブした水路の場合，外側の部分に水が集まることが多く，その場合は削られる要因になります。また，斜面の傾斜が強い部分では

下に向かって流れが速くなることから，深く削られます。同じくらいの水量や速さで流れているように見えるのに，侵食の有無が場所によって異なるように見えるのは，こういった複数の要素が絡み合って起こる現象であるからなのです。したがって，侵食作用を場所だけで特徴付けようとすると，現象を引き起こす要因を十分に見いだせないうちに結論付けなければならなくなり，結果としてよくわからない観察で終わってしまうことになるのです。

　このような事態に陥らないためにも，自由に水を流し観察するような方法は避け，実験前に観察の視点を子どもと共有した上で取り組ませることが重要です。そして，以下の点に留意しましょう。

・一定時間水を流したら止め，子どもから流水の働きに関する気付きを引き出して，それを全体で共有し確認する。
・共有できなかった気付きがあれば，個々の場所（要素）に注目しつつ再度実験を行って確かめ，子どもが確かに捉えることができるようにする。

このような気付きと現象を往還する学習活動を実施することが重要です。

▶特定の条件下でのモデル実験で流水の三作用を確かめる

　流水の三作用を確認しやすい方法としては，特定の条件下で行うモデル実験が有効です。屋外に準備する築山等は，傾斜が一定でなかったり，土の種類や固さが不均一になったりしますが，モデル実験の場合は，傾斜や土質等の要因を揃えて調べることができる点に長所があります。

　現象をより明確に把握させるためには，珪砂など異なる土質を用いたり，あらかじめカーブした水路を作ったりして，観察が容易になるようにしておくとよいでしょう。

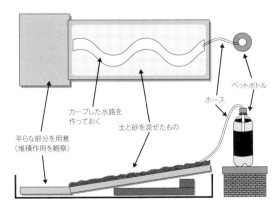

8-4 夜にしか観察できない星座を，学校で学ばせる方法はあるのか

▶問題解決的な学習の構想と，自宅での星の観察が原則

　星に関する内容を授業で扱う場合，よく「観察が夜間になってしまうことが最大の課題だ」という声を聞きます。確かに，星は夜にしか観察できないので，理科の授業時間内で学習を完結させることができないという課題があります。しかし，一連の問題解決の過程に沿って星の学習を展開できるのであれば，授業の中で観察ができなくても，子どもの問題意識や調べようとする意欲を自宅の観察につなぎ，さらに，その結果を次時の授業に生かしていくことで，確かな理解を促すことができると思います。

　具体的には，問いの共有や観察目的の明確化，観察と記録の方法の確認，観察結果をふまえた考察を授業で行い，星の観察と記録は自宅で行うというすみ分け的展開です。自宅での観察に当たっては，子どもの問題意識や観察に対する見通しを十分に高めておくことがポイントになります。

▶インターネットを介して入手できる映像資料やPCソフトの活用

　自宅での星の観察を前提にしていても，観察を忘れたり天候不順等で十分に記録できなかったりする場合があることを想定すると，授業内で観察に類する活動を行わせたいものです。幸いにも，最近ではインターネットを介して星に関する多くの情報を入手することができるので，それらを有効に活用することで，充実した学習を展開してもよいでしょう。

　NHK教育（Eテレ）の学校放送番組の内容は，「NHK for School」というサイトで公開されており，放送済み番組の動画や，1分程度のクリップ動画などが見られます。教科書会社別に，単元から検索することもできます。また，かつて科学技術振興機構（JST）が提供していた「理科ねっとわーく」

のデジタルコンテンツは国立教育政策研究所のサーバに移管され,再提供されるようになったので,単元名などで検索して活用してみるとよいでしょう。

また,少々専門的にはなりますが,「インターネット天文台(星座カメラi-CAN)」と呼ばれる遠隔操作型の星座カメラからの画像を用いることで,教室内に夜空の星を映し出すことができます。このインターネット天文台は,いくつかの国や地域に設置されているため,昼間でも星のライブ映像を見ることができます。既に,理科授業における活用事例なども報告[1]されており,実践事例のさらなる蓄積が期待されます。

インターネット回線が教室や理科室内に敷設されていない場合は,パソコン用の天文シミュレーションソフト(例えば「ステラナビゲータ」など)を入手することで,星の映像を映し出すことができます。

ここで紹介したものはデジタル化された二次情報なので,理科授業でこれらの資料を活用することとは別に,実際の夜空を自分の目で見てみることを促す指導も必要になります。

▶外部人材(専門家)と連携した理科授業づくり

もう一つ,教室における星の学習の充実方策として,科学館や博物館の学芸員の方々との連携を挙げることができます。最近では,出前授業として,学芸員の方々が学習指導の多くの部分を担当する形が増えてきていますが,問題解決的な学習として展開する場合は,学芸員の方々と事前に十分な打ち合わせを行うとともに,提供していただく資料なども一緒に確認して,普段の授業に近い展開の中に,より専門的な資料や情報が提示できることを目指すとよいでしょう。

また,学校で夜間の観察会などが開催できる場合には,学芸員など専門家の方々の援助を受けられると,より充実した学習の場になると思います。

---

(1) 佐藤毅彦 ほか「児童を自発的な星空観察へと向かわせる『星や月(1)』授業 —星座カメラi-CANと星座早見盤による観察意欲と技能の向上—」,『理科の教育』,Vol.58, No.678, pp.64-67, 2009.

第9章

理科の実験で事故を起こさないためには，どうすべきか

― 観察，実験と安全指導 ―

解決すべき4つの問題

9－1：観察，実験は，なぜ行うのか

9－2：実験を失敗したら，もう一度やり直すべきか

9－3：事故を未然に防ぐためには，何に気を付ければよいのか

9－4：事故が起きてしまったとき，どのように対応すればよいのか

解決へのとびら

観察，実験があるから理科が好きだという子どもが多くいます。子どもにとって楽しみな観察，実験ですが，教師にとって必ずしも楽しみな時間になっていないことも多いようです。それには，準備が大変，教科書通りに結果が出ない，子どもからの質問にうまく答える自信がない，事故やけがの心配がある，等々の原因が潜んでいます。第9章では，まず，観察，実験の意義を考えます。そして，観察，実験で事故を起こさないために，理科室の使い方や子どもに指示するコツなどを解説します。さらに，もしも事故が起きてしまったらどのように対応すればよいのかを，事例を交えながら解説します。

観察，実験は，なぜ行うのか

▶理科の特性……実技教科でもある！

　理科は，自然の事物・現象を対象としています。そして，具体的な体験を通して子どもの技能や心情，科学的な見方や考え方を育成することを目的としています。したがって，理科の学習において「具体的な体験」である観察や実験（ものづくり，飼育栽培を含む）は，まさに，その活動を通して技能や心情，科学的な概念を形成していくプロセスの中心といえるでしょう。さらにここで育まれた力は，具体的な生活場面で活用できるものでなければなりません。つまり，観察，実験は，理科学習の入り口であり，出口でもある大変重要な活動です。

▶観察，実験とは何を指すのか

　理科学習における，観察，実験は以下のように捉えられます[1]。
- ・観察は，実際の時間，空間の中で具体的な自然の事物・現象の存在や変化を捉えることである。視点を明確にもち，周辺の状況にも意識を払いつつ，その様相を自らの諸感覚を通して捉えようとする活動である。
- ・実験は，人為的に整えられた条件の下で，装置を用いるなどしながら，自然の事物・現象の存在や変化を捉えることである。自然の事物・現象からいくつかの変数を抽出し，それらを組み合わせ，意図的な操作を加える中で，結果を得ようとする活動である。

　このような観察，実験を学習活動に適切に位置付けることが大切です。以下に，理科授業における観察，実験の位置付けを考えます。

▶理科授業における観察，実験の位置付け

　1-2でも述べているように，理科の学習では，問題解決の過程を重視しています。すなわち，自然事象への働きかけを通して問題を発見し，解決す

るために，予想や仮説を立て，観察，実験の活動を通して結果を確認する。さらに結果から予想や仮説の妥当性を検討（考察）して，結論付ける，という過程（図9-1）です。

こうした活動が，教師から与えられたものでなく，子ども自身の切実な問題として位置付いていることが大切です。

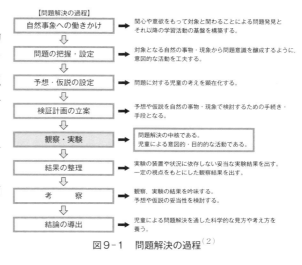

図9-1　問題解決の過程[2]

▶理科で育成することを目指す資質・能力

学習指導要領における理科の目標には，資質・能力の3つの柱に合わせ，理科で育成することを目指す資質・能力が，以下のように示されました。

(1) 自然の事物・現象についての理解を図り，観察，実験などに関する基本的な技能を身に付けるようにする。
(2) 観察，実験などを行い，問題解決の力を養う。
(3) 自然を愛する心情や主体的に問題解決しようとする態度を養う。

これらの資質・能力を観察，実験を中心とした活動を通して育成することが，理科の特性です。なお，これらは相互に関連し合うものであり，(1) (2) (3) の順に育成するものではないことに留意が必要です。

---

(1) 文部科学省「小学校学習指導要領解説　理科編」p.15, 2017.7.
(2) 文部科学省「小学校理科の観察，実験の手引き」p.15, 2011.

実験を失敗したら，もう一度やり直すべきか

▶もし，実験を失敗したら……

　やり直すべきです。なぜそう考えられるのか，理由を挙げてみます。実験を失敗して正しいデータがとれなかったとき，教師は「本当は○○になるはずです」と言ってしまいがちです。それを繰り返していると子どもはどうなっていくでしょうか。実験から得られたデータを信用しなくなってしまいます。場合によっては，教科書を見れば正しい答えが見つかるという態度ができ上がりかねません。これは明らかに理科で身に付けさせたい科学的な態度とは異なります。したがって，思うように結果が得られない場合，できる限り実験をやり直すべきなのです。

▶予備実験の必要性

　しかし，実験をやり直す以上，うまくいかなかった原因について，少なくとも教師が把握，特定していなければなりません。実験のやり直しを繰り返してしまうことも，子どもに「結局は先生の意図する結果を得るための実験をやっている」と思わせることにつながります。子どもが本当に自分たちの考えを確かめる実験を行って，結果を祈るような気持ちで見るような状況を作り出すことが大切です。「あ！　そうか」や「やっぱりそうだったんだ」等，子どもからそんな感動の声が上がったら，それはまさに深くわかったという状況が生まれた瞬間です。
　このように考えると，「実験を失敗したら，もう一度やり直すべきだが，そのような事態を作り出さないことが重要だ」といえるでしょう。そのためには，予想される失敗にどのように対処するのか，あらかじめ備えておく必要があります。予備実験が不可欠である理由です。

▶生き物が死んでしまったら……

　理科では物理分野，化学分野の観察，実験ばかりでなく，植物や動物の栽培飼育もあります。特に観察のために飼育していた生き物が死んでしまったとき心を痛める子どもの姿を目にします。このような事態が生じたときは生命について考える機会と捉えるべきです。生き物が枯れたり死んでしまったりした原因をみんなで考え，再び飼育栽培に挑戦したいものです。そのためには普段から，以下のことを確認しましょう。

　①学校で生き物を飼育する目的の確認

　学校で飼育する生き物は，基本的に学習の対象であることを確認しましょう。例えば3年では，「身の回りの生物について，探したり育てたりする中で，それらの様子や周辺の環境，成長の過程や体のつくりに着目して，それらを比較しながら調べる」と単元の目標に掲げられています[1]。意義を確認し，生物の採取は必要最小限にとどめるなど，生態系の維持に配慮して環境保全の態度も育てるようにします。

　②死んでしまった生き物の処分方法の確認

　飼育していた生き物が死んでしまった場合，昆虫やメダカなどは校地のどこかに埋めることが考えられます。ウサギなどの大きな生き物については，自治体によって異なりますが，連絡をすると引き取ってもらえる場合もあります。命を粗末に扱わないということ（生物を愛護する態度）を学ぶ機会と捉えましょう。死んでしまった原因を考えることで，生物は周辺の環境と関わって生きていることを理解するという学習の目標にもつながります。

▶引き継ぎの重要性

　年度替わりには，学習の対象にしていた生き物を下の学年に引き継ぎます。飼っていたメダカや観察したカボチャの種を次の学年に引き継ぐことは，生物を愛護する態度の育成や生命の連続性を理解することにつながります。

（1）　文部科学省「小学校学習指導要領解説　理科編」p.38, 2017.7.

9-3 事故を未然に防ぐためには，何に気を付ければよいのか

▶どんな事故が起きているのか？

　小学校理科では次のような事故が多いようです。アルコールランプ（火災，やけど），ガラス器具（外傷），熱湯（やけど），カッターナイフ（外傷），および野外観察（害虫，毒植物）等です。

　事故を完全に防止することは難しいですが，教師だけでなく，子どもも危険を察知できれば重大事故は未然に防止できます。予備実験や実地踏査を行うとともに，理科主任や前年度に実施した教師から情報を収集します。

▶事故を未然に防ぐための知識

①薬品の濃度管理

　表9-1に挙げた薬品は「毒物及び劇物取締法」によって劇物と定められています。しかし，これらの薬品は理科実験では欠かせない薬品です。使用上の注意事項を守ることが大切です。その一つが濃度の管理です。

　水酸化ナトリウムを例に説明します。水酸化ナトリウムは固体の結晶です。この結晶および5％を超える水溶液は「劇物」として扱います。子どもが扱うには危険な濃度です。指導書では3％くらいに調製するように記されています。教材研究で，どの程度の濃度で薬品を調製すべきかを把握します。それでも，水酸化ナトリ

表9-1　理科実験で使用する薬品名と実験例[1]

薬品名	実験例
塩酸	水素の発生，金属との反応，中和反応，アンモニアの検出
アンモニア水	水溶液の性質，塩化水素の検出
過酸化水素水	酸素の発生
水酸化ナトリウム	水の電気分解，金属との反応，中和反応
メタノール	アルコールランプの燃料，アルコールの性質

ウムは固体ですから水が蒸発すると濃くなります。手についたら水で洗い流さなくてはいけません。また，保護眼鏡の着用を習慣化することも肝要です。

②野外観察

野外観察では，人体に危害を及ぼす動植物[2]（毒ヘビ・蜂・ウルシなど）や，季節によっては熱中症や害虫にも注意を払います。校外で野外観察を行う場合，事前踏査による危険箇所の確認は必須です。活動する場所における危険（転落・鉄砲水・崖崩れ）箇所はないかなども考慮します。

このほか，子どもの体調管理，服装，弁当（食中毒の防止）についても保護者と連携することが必要です。また，現地での健康状態の把握，道具・服装等の点検，さらには落雷や集中豪雨等の前兆の察知などが必要です。

▶事故を未然に防ぐための生活指導

授業で教師の指示が徹底できる状況を作ることが何よりも重要です。理科室での約束を掲示して，折に触れて活用します。例えば，①先生が話し始めたら静かに，②机上の整理・整頓，③実験は立って行う，などです。

また，教師が全体を見渡せる位置に立つことや，個に指導する場面とタイミングなどに配慮します。器具を破損したときは，けがの有無を確認した上で理由を聞くことや，黙って元の場所に戻すことがないように指導することが大切です。

▶電気の学習

電気の学習では，ショート回路による発熱でやけどしたり，電流計や検流計の接続方法を間違えて破損したりするなどの事故が考えられます。電気には流れる向きがあること（第4学年）を知った上で接続を確認させます。コンデンサ，LED，電子オルゴールなど極性がある道具の使用が増えているので，細心の注意が必要です。

（1） 文部省「学校における毒物及び劇物の適正な管理について」2000.
（2） 文部省「青少年の野外教育の充実について」1996.

事故が起きてしまったとき，どのように対応すればよいのか

▶事故が起きてしまったら

理科の実験に限らず，学校で事故が発生したときの対応は各学校のマニュアルに従って行動します。通常，職員室や保健室に掲示してあります。図9-2はその例です。学校長や養護教諭が行う対外的な報告や連絡については省略してあります。内容は学校ごとに違いますので，確認しておく必要があります。

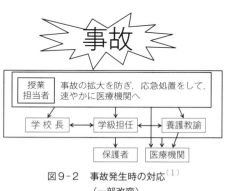

図9-2　事故発生時の対応[1]
（一部改変）

▶基本的な行動

まずは，教師自身が動揺せずに行動し，子どもに指示することが大切です。子どもへの指示が徹底されない場合，二次的な事故が起こりかねません。事故が起きた場合，まずはじめに下の3つを実行します。

・火災や薬品・ガラス等の飛散がある場合，害のある生物による事故の場合，事故の拡大や二次的な災害につながらないように，周囲の子どもを落ち着かせ，退避させる。
・けがをしている子どもがいる場合，直ちに応急処置を行う。
・養護教諭や他の職員に連絡する。状況によっては子どもに連絡させる。

▶応急処置の方法

次に挙げたものは，理科授業で事故が発生した場合の応急処置について教

育委員会から示されているマニュアルの例です[1]。状況によって対応は異なりますが，流水で冷やす，洗い流すという場面が多いことに気付きます。理科室の水道にはホースが付けられている場合がありますが，目を洗い流す場合などに便利です。

▶野外での活動

野外活動の場合も理科室での事故に準じて対応します。ただし，野外ですので起こり得る事故の内容が異なります。基本は携帯電話などによる緊急連絡手段の確保です。そして，事前踏査による事故発生の可能性の予測と対策です。交通事故，危険な動植物，地形に起因する危険や熱中症など季節的な危険に対する対策をしておきます。

▶保護者への対応

保護者には，事実を正確に，即座に伝えることが大切です。子どもが親に伝えるだけでは不十分です。学校での事故の責任は学校にあります。

事故の発生の場合，事故の拡大を防ぎ，応急処置をするとともに，医療機関に直ちに連絡を取り，速やかに医療機関へ連れて行くことが大切である。応急処置は医療機関へ行くまでの処置である。

ア　ガラスなどによる外傷
（ア）目：流水で洗眼する。絶対にこすらない。その後必ず眼科医の手当を受ける。
（イ）その他の部分：傷口の出血を防ぎ，消毒ガーゼを当て，医療機関へ行く。

イ　やけど
傷口を清潔に保ち，皮膚面の熱をとるために流水で十分に冷やす。冷やす時間は少なくとも20〜30分。医療機関へ行くときも，やけどの部位を清潔な布でおおい，その上から冷湿布や氷のうで冷やしながら連れていく。
（ア）顔面のやけど
冷水にひたしたタオルや氷のうで冷やす。
（イ）着衣の上から熱湯を浴びたとき
その着衣の上から流水で十分に冷やした後，患部を傷つけないように衣類を取り除く。
（ウ）衣類が燃えているとき
ぬれタオルなどで覆ったり水をかけて消す。その後，衣類を取り除く。

ウ　薬品による事故
（ア）皮膚についたとき
直ちに流水でよく洗う。着衣の上からの場合は手早く脱がせ，薬品のかかった所を流水で十分洗う。
（イ）目に入ったとき
瞼を広げながら流水でよく洗う。特にアルカリの場合は20分以上洗い，眼科医へ行く。
（ウ）吸入した場合
直ちに新鮮な空気の所へ移し，着衣をゆるめて呼吸を楽にさせる。症状により医療機関へ行く。

エ　火災
アルコールランプなどが倒れて燃え広がった場合はまわりの物を取り除き，ぬれ雑巾や砂をかけて消す。なお，消えない場合は消火器を用いる。

（1）　山口県教育委員会「適正な理科薬品の管理と安全な理科実験の手引」（平成19年度電子媒体版），2010.

第 10 章

理科室の環境は，どのように整備すればよいのか
－観察，実験機器の整備と管理－

解決すべき4つの問題

10－1：人体模型は授業で使うのか

10－2：理科の実験器具は，やはり高価なものが多いのか

10－3：百葉箱のない小学校があるが，どのように授業を展開させればよいのか

10－4：薬品などは，どのように揃えて，どのように管理するのか

解決へのとびら

「小学校の理科室には，観察，実験に必要な器具や機器がある」ということは，子どもも理解しています。しかし，「どのような"もの"が保管・管理されているのか」や「各学習場面でどの器具や機器を活用していくべきか」については，子どもが十分に理解しているわけではないので，教師があらかじめ把握しておく必要があります。第10章の前半では，理科室にある模型や器具・機器についての基本的な知識と活用方法等について，「人体模型」や「備品・消耗品」を例に説明します。そして，後半では，「百葉箱」等の器具・装置がない場合の代替方法や，小学校で用いる薬品の使用場面や管理方法等を解説します。

10-1

人体模型は授業で使うのか

▶人体模型について

　理科室や理科準備室等で，骨や筋肉，また内臓等が確認できる人体模型（人体骨格模型や人体内臓模型等）を一度は見た経験があるでしょう（図10-1）。これらの模型や標本は，長い歴史をもつ学校ほど，たとえ現在は頻繁に使用されていなくても保管されていることがあります。また，子どもが自由研究等で取り組んだ植物・昆虫・岩石に関する標本や，ある特定の事象や現象の理解を図るために作製された模型等も寄贈され，保管・展示されている場合もあります。

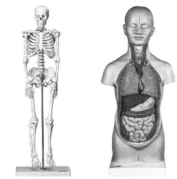

図10-1　いろいろな人体模型
左上図：小型人体骨格模型
（ナリカMS-1N）
右上図：人体解剖模型(ナリカB-22Nトルソ型)
下図：骨格と筋肉の動き実験モデル
（ナリカKBM-1）

▶「人の体のつくり」と子どもの考え

　まず，4年では，人の体には骨や筋肉があること，また体の各部に「関節」が存在することを学習します。特に，単純な構造である腕の骨を例示して学習が展開されることが多いようです。その際，例えば「関節が備わっておらず曲がったり伸びたりする一本の骨がある」という子どもの誤解釈が出てくる場合もあります。また，人の腕の骨に，図10-2のような関節骨（実際には存在しない骨）があると考えている子どもが見受けられます[1]。さらに，上腕には太い1本

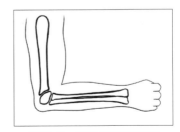

図10-2　関節に対する誤解釈

の上腕骨，前腕にはひねりを可能にする2本の骨（橈骨と尺骨）がありますが，その本数についても，誤って理解している子どもも少なくないようです。

次に，6年では，人体内部の臓器の名称とともに，体内における位置等を学習します。この学習でも，臓器の位置や名称を正しく理解できていない子どもは少なくありません。このように，人体模型は，人の体のつくりに対する子どもの理解を促す教材になるだけでなく，指導者としての小学校教員自身の理解を確認する上でも役立つモデルの一つだといえるでしょう。

▶人体模型等を用いた学習指導に向けて

人体において，どこの場所にどのような内臓があり，どのような働きをしているかを理解することは，健康で豊かな人間生活を送る上でも，極めて重要です。しかし，人の体の内部を直接観察することは難しく，かつ，子どもの心情面を配慮して，人体解剖は避けなくてはなりません。そのため，授業の中で表れ出てくる人の体のつくりに対する子どもの誤解釈と，実際の体のつくりとを比較しながら，より科学的な考えへと変容・再構成するために，人体模型が活用されるのです。

また，学習指導要領解説理科編[2]の「人の体のつくり」に関わる学習には，以下のように，授業で工夫すべき点が記述されています。

> ・骨や筋肉の存在を調べる際には，自分の体を中心に扱うようにし，他の動物としては，骨や筋肉の動きが調べられる身近で安全な哺乳類，例えば，学校飼育動物の観察などが考えられる。（「人の体のつくりと運動」）
> ・体のつくりの観察については魚の解剖や標本などの活用が考えられ，その際，事前にその意義を十分説明するよう留意する。（「人の体のつくりと働き」）
> ・実際に触れながら比較したり，映像や模型などを活用したりしながら，人の体のつくりと運動との関わりについて捉えるようにする。（「人の体のつくりと働き」）

---

(1) 佐々木智謙・佐藤寛之・松森靖夫「ヒトの骨格に関する小学校教員志望学生の認識状態について―腕の骨を題材として―」『生物教育』Vol.58, No.2, pp.45-50, 2017.
(2) 文部科学省「小学校学習指導要領解説　理科編」2017.7.

理科の観察・実験器具は、やはり高価なものが多いのか

▶観察・実験器具(備品と消耗品)について

　表10-1は、小学校理科で使用されている主な観察・実験器具をまとめたものです。例えば、回路の学習で使用される電流計は「備品」、豆電球や乾電池は「消耗品」に区別されています。このように、理科で使用される観察・実験器具は、使用可能年数や金額等に応じて、「備品」と「消耗品」に大別されています。

表10-1　理科授業で用いる主な観察・実験器具等について

	器具・装置等の種類	名　称　等
備品	加熱器具	ガスコンロ、アルコールランプ、ガスバーナー
	光学機器	顕微鏡、解剖顕微鏡、双眼実体顕微鏡、ルーペ、双眼鏡等
	測定機器	上皿天秤、電子天秤、気体検知管式測定器　等
	電磁気関係機器	磁化用コイル、簡易検流計、電流計、電源装置、手回し発電機、大型電磁石
	標本・模型	岩石標本、人体模型、観察用標本プレパラート等
	その他	送風機、百葉箱、書画カメラ等の教材提示装置(必要に応じて：パソコン、プロジェクタ)等
消耗品	測定機器	温度計、気体検知管　等
	電磁気関係機器	磁石、方位磁針、乾電池、豆電球、コンデンサ(キャパシタ)、発光ダイオード(LED)、エナメル線、ワニロクリップ付き導線　等
	ガラス器具	試験管、ビーカー、フラスコ、ピペット、メスシリンダー、プレパラート、カバーガラス　等
	薬品・試薬等	薬品、指示薬、蒸留水、試薬びん　等
	その他	植物の種子、バット　等

▶観察・実験器具の管理と指導上の留意点──顕微鏡を例にして──

　実際には、備品に区分される観察・実験器具(例えば顕微鏡等)は、高価

な場合が多く、数年をかけて買い揃えていったり、耐用年数を考慮し更新したりする必要があります。

　顕微鏡などの光学機器は、何年にもわたって多くの子どもたちが使用します。そのため購入後も、レンズ内にカビが生えないよう保管場所への配慮や、定期的なメンテナンス（調整）が大切です[1]。さらに、十分な性能を維持するためには、使用する一人ひとりの子どもが操作手順等を守り、機器を大切に取り扱うように指導する必要があります。特に、光学顕微鏡の操作手順等を、子どもたちにきちんと説明することは、対物レンズ（備品）を傷付けないためにも、スライドガラス等（消耗品）の破損を防ぐためにも重要です。例えば、5年でアサガオ等の「花粉」を観察する際、光学顕微鏡の操作手順の中に含まれている「対物レンズをプレパラートから遠ざけながら観察物にピントを合わせる」ことに対して、十分な注意を促す必要があります。

　しかし、もし備品や消耗品が破損したとしても、子どもの安全を最優先してください。ガラス器具が割れた場合には、子どもは焦って素手で片付けようとしますが、壊れても問題ないことを伝えて安心させた上で、破片等を教師側で処理するようにしましょう。そして、子どものけが等の有無を確認し、必要に応じて処置した上で、再度安全指導を行ってください。

▶理科のキット教材や身近な素材の利用

　一人ひとりの子どもが実験しながら、いろいろと条件を変える中で規則性を見いだしたり、じっくりと観察したりする必要などがある場合には、キット化された理科教材を活用することもあります。これらは学習教材ですので、安価なものがほとんどです。また、小学校の理科の学習では、観察・実験だけでなく、学習した内容を生かした「ものづくり」を行う単元も多くあります。既に2-2で述べたように、学習指導要領にも「ものづくり」を行うことが明記されています。教科書では、ペットボトル、割り箸、紙コップ、ストロー等の身近な素材を用いるものが数多く紹介されています。教科書等を参考にして、身の回りにある素材を学習に生かす工夫も必要になります。

（1）　和田重雄「顕微鏡のメンテナンス」『Rikatan』Vol.2, No.4, p.30, 2008.

百葉箱のない小学校があるが，どのように授業を展開させればよいのか

▶百葉箱には何が入っているのか

　小学校の理科の学習では，気象に関する学習が4年「天気の様子」と5年「天気の変化」にあります。

　4年「天気の様子」の学習では，「天気と気温の変化に着目して，それらを関係付けて，1日の気温の変化を調べる。これらの活動を通して，天気の様子と気温との関係について，既習の内容や生活経験を基に，根拠のある予想や仮説を発想し，表現するとともに，天気によって1日の気温の変化の仕方に違いがあることを捉えるようにする」ことがねらいの一つとされています。

　この「天気の様子」の指導では，気温の適切な測り方について，温度計などを用いて場所を決めて定点で観測する方法を身に付けるようにするために，百葉箱の中に設置した温度計などを利用することが考えられます。

　図10-3のように，百葉箱は地上から1.2m～1.5mの高さで，風通しよく，直射日光を避ける等の条件を整えて，気象観測機器を設置するためのものです。百葉箱の中の気象観測機器には，1日の温度の推移を自動的に記録する「記録温度計（自記温度計）」，気圧を測るための「アネロイド気圧計（内部を真空にした薄い金属製容器の表面が気圧変化によって上下するのを，てこによって指針に伝えて気圧を示す機器）」，「最高最低温度計」，湿度を測定するための「乾湿計」等があります。

図10-3　百葉箱
（ナリカST-K）

▶アメダス（AMeDAS）等の気象情報の活用

　百葉箱を用いた気象観測も，百葉箱自体が備えている道具としての性質，つまり，「地上から1.2m～1.5mの高さに置き，風通しよく，直射日光を避ける」ことが「なぜ必要か」を子どもと一緒に考えるのであれば，その活用の意味や意義があります。一方，最近の子どもが天気予報等で聞き慣れているアメダス（AMeDAS, Automated Meteorological Data Acquisition System, 地域気象観測システム）のような気象観測データがありますので，それらの積極的な活用を図ることも，子どもに学習内容と実生活との関連を意識付ける上で有効な手立ての一つになります。

　全国に約1,300の観測所があるアメダスでは，半数以上の観測所で「降水量，風向・風速，気温，日照時間」を自動的に観測しているので，これらの気象データから天気と気温の関係を考えるための情報が入手できます。

▶気象庁の「過去の気象データ検索」を利活用した授業

　4年「天気の様子」の学習では，観察の基本的な技能などを理解させるためにも，晴れの日や雨の日の午前10時～午後3時頃までの1時間おきの気温の測定と結果のまとめを実施する必要があります。さらに，観測データを「その日だけの結果」としないためにも，他の日や地域の観測データ等を生かして，子どもが天気と気温の関係について理解できるようにすることが必要です。

　気象庁のWebページでは，過去の気象データの検索ができます。この検索ページでは，地域，年月日を選択することで，1時間ごとの気象情報も得られ，また，図10-4のように，グラフにして表示させることも可能なので，授業に活用できます。

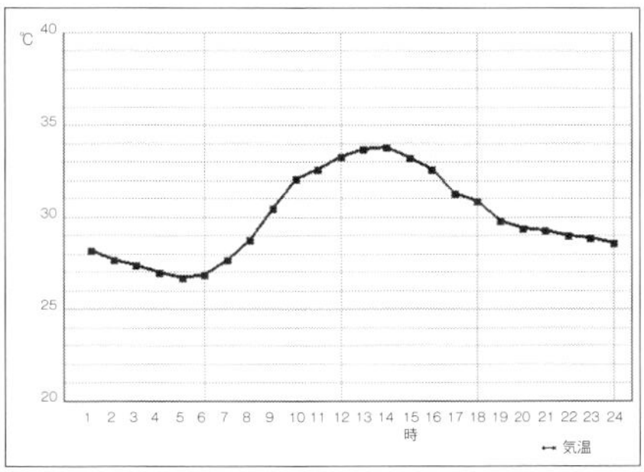

図10-4　2013年8月15日の東京の気温推移

薬品などは，どのように揃えて，どのように管理するのか

▶小学校で扱う薬品にはどのようなものがあるのか

　小学校の理科授業で扱う主な薬品には，表10-2に示すようなものがあります。これらの薬品は薬品台帳に使用した量を記入し，年度ごとに使用量を概算した後で，少額の消耗品として購入し，薬品庫で管理します。

表10-2　小学校で扱う主な薬品名と薬品を用いる場面（学習する単元）

薬品名		薬品を用いる場面　（学習する単元）
アルコール	メタノール	・アルコールランプの燃料として用いる。 　（単元：「金属，水，空気と温度」，「物の溶け方」，「水溶液の性質」）
	エタノール	・葉の脱色や色素の抽出のために用いる。 　（単元：「植物の養分と水の通り道」）
ヨウ素液 （ヨウ素ヨウ化カリウム水溶液）		・デンプンを検出するために用いる。 　（単元：「植物の発芽，成長，結実」，「植物の養分と水の通り道」，「人の体のつくりと働き」）
塩化ナトリウム		・温度による溶ける量の違い（溶解度）を調べるときに用いる。 　（単元：「物の溶け方」）
ミョウバン （硫酸カリウムアルミニウム）		
ホウ酸		・温度による溶ける量の違い（溶解度）を調べるときや，弱酸性の水溶液が必要なときに用いる。 　（単元：「物の溶け方」，「水溶液の性質」）
過酸化水素水		・酸素を発生させるときに用いる。 　（単元：「燃焼の仕組み」）
二酸化マンガン		
石灰水		・二酸化炭素の存在の確認やアルカリ性の水溶液が必要なときに用いる。 　（単元：「燃焼の仕組み」，「人の体のつくりと働き」，「水溶液の性質」）
塩酸		・酸性の水溶液・金属を溶かす水溶液・気体の溶けている水溶液として用いる。（単元：「水溶液の性質」）
水酸化ナトリウム （水酸化ナトリウム水溶液）		・アルカリ性の水溶液・アルミニウムを溶かす水溶液として用いる。 　（単元：「水溶液の性質」）
アンモニア水		・アルカリ性の水溶液が必要なときに用いる。 　（単元：「水溶液の性質」）

▶小学校で扱う薬品はどのように揃えるのか

　薬品を購入する際には，年間指導計画に従い，必要な量だけ購入するようにします。この理由は，薬品の変質防止や管理不十分による危険の防止のためです。購入先は，各学校事務に問い合わせた上で選定しますが，理科の実験用消耗品を取り扱う会社のカタログ等で，種類や内容量や価格を把握し，授業で不足することがないように年度当初に注文し購入します。

▶小学校で扱う薬品はどのように管理するのか

　薬品の保管については，薬品台帳を作成して管理します。表10-3に示した薬品台帳の記入例では，薬品名（化学式を含む）と薬品の管理上の種類（毒物，劇物，危険物，一般），薬品庫での格納場所，備考（薬品の特徴）を記した後に，点検・購入・使用の状況（年月日，摘要，使用者，使用量）と試薬びんごとに風袋（ラベル等の外装品と容器の重量）込みの残量が記入されています。この方法であれば，古い試薬を把握し，古いものから使用できます（実際には各学校の実状に応じた様式で作成されます）。

表10-3　薬品台帳の記入例[1]

　また，薬品は図10-5のような実験準備室に設置された薬品庫で保管し，特に揮発性の液体や熱分解を受けやすい薬品等は，薬品庫下部の冷暗所に保管します。薬品は，「毒物及び劇物取締法」や「消防法」等に従って保管し，確実に施錠することが必要です。

図10-5　薬品庫
（島津理化RC-180S）

　薬品の特性を理解することが，安全な薬品管理につながります。

（1）　佐賀県教育センター「安全な理科実験・観察ハンドブック（小学校編）」pp.81-88，p.94，2006．

第10章の画像提供
株式会社ナリカ，日本スリービー・サイエンティフィック株式会社（人体解剖模型），
株式会社島津理化

第 11 章

なぜ1〜2年は生活科で，3〜6年が理科なのか

― 他教科との関わり ―

解決すべき4つの問題

11－1：生活科で育成を目指す資質・能力とは何か

11－2：生活科では，自然事象に関わるどのような学習が取り上げられているのか

11－3：生活科と理科を，どのようにつなげればよいのか

11－4：生活科と他教科を融合させたような授業の事例はあるか

解決へのとびら

生活科は，子どもがいろいろな体験をしながら学習していく教科です。体験をすることは大切ですが，ただすればよいわけではありません。体験から何を学習するのかということを，考えさせなければなりません。そのために，第11章では，生活科の教科目標から，育成を目指す資質・能力について解説します。また，生活科の学習内容の中で理科につながる内容である自然事象に関わる学習には，どのようなものがあるのかを考えていきます。それをもとにして，生活科と理科をつなげていくために重要なポイントを，生活科の授業を紹介しながら解説します。最後に，理科に限らず国語科や算数科などの他教科とのつながりを意識した授業も紹介します。

生活科で育成を目指す資質・能力とは何か

▶生活科の教科目標とは

　生活科の特質や目指すものが示されている教科目標[1]を見てみましょう。

> 　具体的な活動や体験を通して，身近な生活に関わる見方・考え方を生かし，自立し生活を豊かにしていくための資質・能力を次のとおり育成することを目指す。
> (1) 活動や体験の過程において，自分自身，身近な人々，社会及び自然の特徴やよさ，それらの関わり等に気付くとともに，生活上必要な習慣や技能を身に付けるようにする。
> (2) 身近な人々，社会及び自然を自分との関わりで捉え，自分自身や自分の生活について考え，表現することができるようにする。
> (3) 身近な人々，社会及び自然に自ら働きかけ，意欲や自信をもって学んだり生活を豊かにしたりしようとする態度を養う。

　育成することを目指す資質・能力が (1) (2) (3) に示されています。(1) は「知識及び技能の基礎」，(2) は「思考力，判断力，表現力等の基礎」，(3) は「学びに向かう力，人間性等」に関する目標です。他教科とは異なり，(1) と (2) には「基礎」という言葉が付きます。3つの資質・能力は日々の授業で，一体的，総合的に育成されるものです。生活科の学習を通して，子どもが自ら自立し生活を豊かにすることが目指されています。

▶「知識及び技能の基礎」に関する目標

　「自分自身，身近な人々，社会及び自然の特徴やよさ，それらの関わり等に気付く」は，具体的な活動や体験，伝え合いや振り返りの中で，自分自身，身近な人々，社会および自然がもっている固有な特徴や価値，それぞれの関係や関連に気付くことです。生活科の気付きとは，対象に対する一人ひ

とりの認識のことで，主体的な活動によって生まれるものです。気付きには，知的な側面だけではなく，情意的な側面も含まれます。「あれっ」「どうして」「なるほど」という一人ひとりの気付きは個別なもので，一般化されてはいませんが，確かな認識につながるものとして重要な役割をもちます。このような認識が実生活や実社会で生きて働く力につながっていきます。

▶「思考力，判断力，表現力等の基礎」に関する目標

　「自分自身や自分の生活について考え，表現する」は，身近な人々，社会および自然を自分との関わりで捉えることで，自分自身や自分の生活について考え，それを何らかの方法で表現することです。生活科では，「考える」活動と「表現する」活動が一体的に行われて繰り返されることが大切です。「考える」は，見付ける，比べる，たとえる，試す，見通す，工夫するなどの活動です。「表現する」は，気付いたことや考えたこと，楽しかったことなどについて，言葉や絵，動作，劇化などの多様な方法で，他者と伝え合ったり，振り返ったりする活動です。これらが一体となり気付きを共有することで，新たな気付きが生まれたり，様々な気付きが関連付けられたりします。そのような気付きの質の深まりが，深い学びにつながっていきます。

▶「学びに向かう力，人間性等」に関する目標

　「身近な人々，社会及び自然に自ら働きかける」は，子どもが思いや願いに基づいて，身近な人々，社会および自然に，自分から近付き何らかの行為を行うことです。自分から働きかけることで，ドキドキする気持ちややり遂げたという満足感などを味わうことができます。子どもが思いや願いの実現に向けて活動する過程において，自分の成長，活動の楽しさや手応えを感じることは，一人ひとりの意欲や自信となっていきます。この意欲や自信が，生活科の学びを次の活動や自分の生活に生かそうとしたり，新たなことに挑戦しようとしたりする姿を生み出していきます。

（1）　文部科学省「小学校学習指導要領解説　生活編」2017.7.

生活科では，自然事象に関わる どのような学習が取り上げられているのか

▶自然事象に関わる内容

　生活科の学習指導要領で取り上げられている学習対象・学習内容[1]は全部で9つあります。そのうち，自然事象に関わる内容は，「身近な自然を観察したり，季節や地域の行事に関わったりするなどの活動を行う」「身近な自然を利用したり，身近にある物を使ったりするなどして遊ぶ活動を行う」および「動物を飼ったり植物を育てたりする活動を行う」の3つです。

▶身近な自然との関わり

　ここで取り上げられている身近な自然とは，子どもが繰り返し関わることができ，四季の変化を実感するのにふさわしい自然です。例えば，近くの公園，川や土手，林や野原，海や山などが考えられます。また，そこで出会う生き物，草花，樹木などのほかに，水，氷，雨，雪，風，光なども対象となります。子どもは実際に野外に出掛け，自然と関わることで，「おもしろそうだな」「不思議だな」というような自然への興味をもちます。

　子どもが自然を観察するときには，視角，聴覚，触覚，味覚，嗅覚などの諸感覚を使って，繰り返し自然と触れ合うことが大切です。そのように自然と触れ合うことで，例えば，タンポポの綿毛の構造，色や形，アリのえさの運び方などに注意を向けるようになります。このようにして，自分なりの思いや願いをもって観察することが大切です。また，繰り返し自然と触れ合うことで，子どもは四季の変化にも気付いていきます。春に花を摘んだ野原で秋には虫取りをしたり，木の葉が色付くことを発見したり，冬には風や雪，氷を使って楽しんだりすることは，その一例です。

　また，身近な自然や身近なものを利用した遊びを通して，そのおもしろさ

や不思議さに気付いていきます。自然に潜むおもしろさや不思議さとは，例えば，速く走る車を作る活動の中で「土台を軽い段ボールに変えたのに，速く進まない」というような体験によって，自分の予想と結果が異なったことで生まれる疑問などです。

このような疑問は，自然の中にきまりを見付ける活動へと発展していきます。そのような活動で大切にしていきたいのが，「見付ける」「比べる」「たとえる」「試す」「見通す」「工夫する」などの活動です。例えば，ゴムで動くおもちゃを作る遊びでは，作りたいおもちゃに適した材料を「見付ける」，自分と友達のおもちゃを「比べる」，カエルのような動きをするおもちゃにしたいと「たとえる」，作ったおもちゃを「試す」，次は何をしたいのか「見通す」，もっと高く飛び跳ねるように「工夫する」といった活動を，試行錯誤しながら行うことです。

▶動植物との関わり

子どもにとって動植物の飼育・栽培は，毎日が発見や感動の連続です。子どもは自分の育てる動物や植物の成長を楽しみにしながら，関わりを深めていきます。子どもが育てる動物はモルモット，ウサギ，魚，昆虫などが考えられ，植物はアサガオ，サツマイモなどが考えられます。動物を飼うことは，その動物のもつ特徴的な動きなどに直接触れる体験となります。植物を育てることは，植物の日々の成長や変化，実りを通して子どもが生命の営みを実感する体験です。これらの体験を通して，生命の尊さを実感していきます。

飼育・栽培の過程において，子どもは「もっと元気になってほしい」「もっと上手に育てたい」という願いをもちます。その願いの実現に向かうことで飼育・栽培活動に対する責任感が生まれます。その責任感から，「捕まえた場所に生えていた草も一緒に入れてやろう」など，それらの育つ場所について目を向けていきます。このように，自分本位の考え方から，生命愛護の立場に立った考え方に変わり，気付きの質も高まっていきます。

（1）　文部科学省「小学校学習指導要領解説　生活編」2017.7.

生活科と理科を、どのようにつなげればよいのか

▶理科で大切なこと

　理科の授業で大切なことは、問題解決を通して、自然事象についての規則を調べるための観察、実験をすることと、その結果について自分なりに表現することです。生活科と理科をつなげていくためには、こうした理科の授業で大切にされていることを生活科の授業でも大切にしていく必要があります。

▶問題解決の力につながる活動

　前節で述べた「見付ける」「比べる」「たとえる」「試す」「見通す」「工夫する」などの活動は、3年以降の理科で問題解決を行っていくための素地となります。「見付ける」「比べる」ことで相違点や共通点に気付き、疑問が生まれ、「試す」「見通す」「工夫する」ことで、試行錯誤しながら自然事象の中のきまりに気付いていきます。さらに「たとえる」ことで自分なりに自然事象のきまりを表現していきます。これは、まさに問題解決です。このような活動を行い、子どもが自然事象に関わっていくことによって、そこにきまりや規則があることについても学んでいきます。この素地が、3年以降の理科で育成を目指している問題解決の力につながっていくのです。

▶子どもがたとえながら自分なりの視点から表現する

　生活科でも理科においても、子どもがたとえながら、観察した自然事象を自分なりに表現していくことは大切です。「たとえる」活動が大切にされた生活科の授業を紹介します[1]。1年生の子どもが自分で育てているアサガオの観察をして、アサガオ体操を行った学習です。観察での気付きを出し合って歌詞を決めて歌を作り、成長の様子を体で表現していきました。以下

に，アサガオ体操の歌詞の一部を示します。

> 早く　元気に芽を出してくださいな
> <u>切りたてのスイカみたいな</u>硬い種さん
> ふたばがでたよ
> ふたばって<u>ウサギさんの顔みたい</u>　<u>手のひらみたいな</u>シワがある
> とんがり帽子も出てきたよ　とんがり帽子が本葉になったよ
> <u>ナスみたいな</u>形だよ　さわってみたら　<u>お父さんのおひげ</u>
> 　　　　　　　　　　　　　　　　　　※下線部は「たとえ」の表現

歌詞を見てみると，たくさんの「たとえ」で作られていることがわかります。例えば，「切りたてのスイカみたいな硬い種」という表現があります。

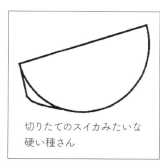
切りたてのスイカみたいな硬い種さん

この表現は，アサガオの小さな黒い種を観察したときの種の形と状態を表現しています。また，双葉を観察し，「手のひらみたいなシワがある」とたとえを使って，双葉の形状を表現しています。この表現から，双葉には葉脈があることに子どもが気付いている様子がわかります。さらに，「さわってみたら，お父さんのおひげ」という表現から，子どもが本葉を触り，表面に細かな毛が生えていることに気付いた様子がわかります。

このようなたとえを用いた歌詞を作るために，子どもたちがアサガオをしっかり観察していたことはいうまでもありません。そして，観察したことを自分の知っていることにたとえたり，置き換えたりして考えて，表現していったのです。このような活動が子どもの中に根付いていくことは，科学的に対象を見る力につながっていきます。

（1）　森本信也編著『考え・表現する子どもを育む理科授業』東洋館出版社，2007

11-4

生活科と他教科を融合させたような授業の事例はあるか

▶他教科とのつながり

　3年以降では社会科や理科の学習が始まります。生活科での身近な人々，社会および自然に触れ合ったり関わったりする活動は，社会科や理科の学習として発展していきます。そこで，子どもは生活科で育まれた資質・能力を発揮していきます。また，生活科は他教科と合科的・関連的に行うことが大切です[1]。子どもが具体的な活動や体験を通して考え，問題を解決しながら思いや願いを実現していく学習は，総合的な学習の時間や国語科，算数科などの教科の学習にもつながり，発展していきます。そのため生活科では，他教科と融合させて，つなげていくような学習は非常に意味があります。

▶他教科と融合させた授業

　生活科と他教科を融合させた授業を具体的に紹介しましょう。これらの授業は，生活科と図画工作科，算数科，国語科等の教科の学習を総合して行われました。2年生の子どもが，川に行って川遊びを楽しみ，そこにすんでいる生き物を観察し，その観察した生き物を製作し，教室で水族館を開くという活動です。この活動は，生活科の「身近な自然との関わりに関心をもって，生き物に触れ，観察し，それらを大切にする心を育む」というねらいのもとに行われました。

▶算数科とのつながり

　子どもたちは，近くの川に行って川遊びを楽しみました。はじめのうちは，友達と川の水をかけ合ったりなどして遊んでいましたが，ある子どもが魚がいることに気付き，「魚がいる！」と声を上げて，生き物探しを始めま

した。その生き物探しがまわりの子どもにも伝わり、川の中の石をひっくり返したり、サワガニやカエルを捕まえたりしました。そして、自分が見付けた生き物を観察して気付いたことを、観察カードに絵や文章で記録するという活動に発展していきました。その際、持ってきた定規で生き物の大きさを測り、2年の算数で学習した長さの単位を使って記録する子どもが現れました。教師は、その子どもの観察カードを取り上げて、まわりの子どもたちに紹介しました。それを見た子どもたちも、単位を使って大きさを記録していくようになりました。

▶図画工作科とのつながり

教室に帰ってきた子どもたちは、「水ぞくかんをつくろう」という目標をもち、図画工作科の時間に自分の観察した生き物を紙や粘土で製作していきました。「自分たちで水族館を作って、校長先生や1年生を招待したい」という思いや願いをもって取り組みました。

子どもたちは自分の書いた観察カードをもとにして、生き物を製作していきました。例えば、「サワガニはあしが8本、はさみが2本」「カエルの後ろあしは、前あしよりも太い」というような、生き物を観察して気付いた特徴を大切にしながら製作しました。このようにして、それぞれの生き物の特徴をよく表現することができました。

▶国語科とのつながり

下級生である1年生や校長先生に、完成した水族館で自分たちの作品を見てもらうために、招待状を書きました。その招待状には、自分の製作した作品のどこを一番見てほしいのかを書きました。また、どのように書いたら、お客さんである校長先生や1年生が水族館に来たくなるのかということを考えながら、子どもたちなりに招待状を完成させていきました。まさに、国語科とのつながりを示したものといえるでしょう。

（1） 文部科学省「小学校学習指導要領解説　生活編」2017.7.

第12章

インターネットやテレビで，理科授業を済ませてもよいのか
－ICT活用－

解決すべき4つの問題

12－1：理科授業でテレビ番組を見せるときに，効果的な方法はあるか

12－2：理科授業で活用可能な情報機器には，どんな種類があるか

12－3：理科授業でインターネットを活用するには，どんな方法があるか

12－4：理科授業で情報機器を活用するには，どんな方法があるか

解決へのとびら

情報技術の急速な進歩に伴い，これまで理科授業で取り扱ってきた情報について，その伝達手法や媒体が大きく変容しています。こうした技術を理科授業に取り入れ，効果的な活用を図っていくために必要となる視点は何でしょうか。ややもすると，情報技術を利用すること自体が目的化し，「インターネットを活用した理科授業」といったようなスローガンを掲げた授業を展開する危険性も孕んでいます。第12章では，これからの日本の子どもに育成すべき学力を見据え，それを具体化する理科授業の在り方を検討していきます。時代が求める情報技術を活用した理科授業の姿が浮かび上がってくるでしょう。

12-1 理科授業でテレビ番組を見せるときに，効果的な方法はあるか

▶理科授業における観察，実験の位置付け

　一般に，理科授業は観察，実験を通した事象把握が極めて大切になります。例えば，アンモニア水の匂いを嗅いだことのない子どもに，それをことばで「刺激臭」と説明しても，その実態を捉えることは困難です。また，注射器に空気を閉じ込めてピストンを圧し込んだときの感触を，的確にことばで表現することも容易ではありません。

　このように，感覚情報に基づく具体的な事象把握は，観察，実験を起点に成立していきます。そして，子どもの理科学習は徐々に抽象化されていく過程を辿っていくことになります。

▶テレビ番組などの映像メディアの利用場面とは

　子どもの学習は，観察，実験を起点として始まりますが，その後の学習は自動的に進むのでしょうか。子どもは具体から抽象へと学習が進む中で，例えば実体が捉えにくい微視的な世界には，視覚的なイメージを稼働させながら事象把握を行います。このように，子どもは問題解決に関わる様々な要素の知識を選択し，結び付けながら思考する必要があります。

　しかし，これを子ども自身で進めることは容易ではありません。先生による支援が不可欠となってきます。子どもの思考の支援に役立つ視点として，ハイパーメディア・システム（hypermedia system）という考え方[1]があります。これは，文章や記号，視覚的イメージ，アニメーション画像，そしてコンピュータによるモデルやシミュレーションなどをデジタル化し，総合的に連関させるシステムをいいます。本システムが機能するとき，子どもは問題解決に関わる知識の意味付けを深め，新たな学習課題の創出を促すと考

えられます。

　テレビ番組は，上述のハイパーメディア・システムの要素として機能しなければならないといえます。そのためには，理科授業においてテレビ番組などのメディアは，どのような場面で利用したらよいのでしょうか。ここでは，具体的に次の2つの観点から利用場面を検討してみます。

①時系列で事象を捉える場面

　例えば，5年では，種子の成長と発芽について学習します。本学習では，長時間にわたって観察結果を記録していくことになります。その都度，観点を定めてスケッチを行うことで，種子の成長と発芽の様子を時系列で連続的に捉えていきます。一連の観察結果を振り返ったり，吟味したりする際，テレビ番組における種子の発芽過程を定点観測した映像教材などは大いに役立ちます。例えば，発芽の瞬間における部分映像などを取り出すことで，観察記録と対応付けながら，議論を焦点化していくことができます。ここでの音声による解説なども活用することで，知識の連関が高まることが期待できます。

②視覚的イメージを必要とする場面

　5年では，水に食塩を溶かした際に見られるシュリーレン現象を観察します。この際，子どもは微視的な世界に対して視覚的なイメージを働かせながら，溶けるという現象を追究します。そこでは，視覚的なイメージを描画によって表現させます。加えて，テレビ番組で制作されたシミュレーション画像や動画を利用して，描画と対応付けることで，子どものイメージの増強を図ることが可能です。こうして，様々な知識要素の連関が生み出されていくのです。

（1）M.J. Jacobson, A design framework for educational hypermedia systems: theory, research, and learning emerging scientific conceptual perspectives, *Educational Technology Research and Development*, Vol.56, 2008.

理科授業で活用可能な情報機器には，どんな種類があるか

▶理科授業の目的に応じた情報機器の選択

　近年の科学技術の進歩によって，多種多様な情報機器が開発されています。小学校理科において情報機器の導入を考える場合，その目的に応じた選択が重要となってきます。「最新の機器が開発されたから導入しよう」という考えではなく，「理科授業の課題解決に有効な機器を導入しよう」といった考え方が大切です。ここでは，理科授業で解決が求められている諸課題の中でも，特に「子どもの思考・表現の促進」および「対話的な理科授業の実現」といった課題の解決につながる情報機器について紹介していきます。

▶子どもが教室で考えを表現する場面

　現在の理科教育では，子どもが自分なりに考えを表現できる力を育成する必要があります。それを支援するための情報機器として，次のようなものが考えられます。

　①デジタルカメラや書画カメラ（実物投影機）

　子どもがワークシートに記述した考えを，デジタルカメラや書画カメラなどで取り込み，プロジェクタや大型モニターに映し出しながら説明させることが可能です。子どもは，自分自身の記述内容に即して，具体的に説明を施すことができるという利点があります。

　②ドキュメントスキャナやマウス型スキャナ

　子どもの様々な考えを教室で取り上げる場合には，ワークシートをその場でスキャナによって取り込んで提示する方法が効果的です。最近では，スキャナ機能を搭載したマウスも開発され，表現を部分的に取り込みながら提示することも容易となっています。

③iPadなどのタブレット端末

　最近では，iPadなどをはじめとしたタブレット端末が普及してきました。これを利用し，直接タブレットにタッチペンを使って考えを記述させ，それを教室で提示することが可能です。これは，学習素材へ書き込みながら説明することも可能なので，子どもの表現の多様性を生み出すものと考えられます。なお，iPadではApple TVの「AirPlay」機能を利用することで，画像のモニターへの提示などが容易に行えます。さらに，携帯性や操作性に優れたタブレットPCが続々と開発されています。

▶対話的な理科授業を行う場面

①電子黒板

　多くの小学校で電子黒板の導入が進んできました。電子黒板には様々なタイプがありますが，プロジェクタ型や大型薄型テレビの画面に直接電子ペンによって書き込みを行うタイプが普及しています。これまで電子黒板は，学習素材へ教師が書き込みながら解説する方法での利用が多かったといえます。しかし，これまで紹介した様々な機器を電子黒板と接続することで，学習素材の共有化や子どもの考えの取り込みと提示が円滑になり，対話的な理科授業を効果的に進めることが可能です。

②無線LANルーター

　電子黒板は，無線LANルーターとの連携によって，双方向性機能を強化できます。具体的には，電子黒板とWi-Fiのアクセスポイントを経由してタブレットなど各種機器との通信を行います。Wi-Fiネットワークは，教室内だけのネットワークとなるため，セキュリティ面でも安全性が高く，安心です。これによって，画面共有が容易になり，また子どもは電子黒板に送信した自分の表現に電子ペンで書き込みや修正を加えながら表現活動を展開できます。

理科授業でインターネットを活用するには，どんな方法があるか

▶**インターネットの有する機能**

　近年，インターネット技術の向上により，情報活用の幅が大きく拡大しています。本章のはじめに述べたハイパーメディア・システムに関しても，インターネット技術の進歩は，この拡充に大きく寄与しています。つまり，現在のインターネットでは，文章のみならず，図や映像，音声などを相互に関連付けながら，極めて多様な情報の送受信が可能となっているのです。また，インターネットは，情報の検索，情報の発信およびコミュニケーションに関わる機能を有します。このようなインターネットの機能をふまえ，理科授業における問題解決場面での活用について検討します。

▶**理科授業における問題解決場面でのインターネットの活用事例**

　①情報の収集と活用の場面

　3年では，「昆虫の体のつくり」について学習します。そこでは，チョウの体は，頭・胸・腹の部分からなり，胸にはあしが6本あることを見いだします。この学習を基盤に，他の昆虫についても共通性はあるか，調べていきます。しかしながら，いろいろな昆虫をすべて観察することは困難ですので，インターネットによる情報収集は有効な学習活動となります。多くの昆虫の画像をはじめ，成虫になる過程を収めた動画なども配信されています。

　②予想や仮説の設定場面

　5年では，「雲と天気の変化」について学習します。ここでは，地上から雲の動きや様子を観察し，天気の変化を予想します。しかし，地上からの観察だけでは目に見える範囲の情報を収集することしかできません。この際，インターネットを活用し，雲画像やアメダスの降雨情報などを収集すること

で，地上と宇宙の両視点からの情報を活用して，多面的に天気の変化を予想することが可能となります。

③結果の考察の場面

6年の「月の形と太陽の学習」では，月の形の変化の仕方と，太陽との関係を調べます。本学習では，地上から月の形の変化と，太陽の関係を観察し，その結果について考察していきます。この際，月の形がなぜ変化して見えるのかをモデルを使って把握していきますが，子どもは空間把握という極めて高度な認識を求められることになります。そこで，インターネットで配信されている様々な映像素材や解説映像などを利用し，観察結果との関連付けを多角的に図ることによって，子どもの空間把握が促進されます。

④学習成果を情報発信する場面

6年では，「地震による土地の変化」について，資料で調べて発表する学習を行います。ここでは，地震による土地の変化に関して，近隣に観察地点がある場合には実際に出かけて調べることが大切です。加えて，インターネットを活用して，断層の画像や地震の仕組みを解説したシミュレーション映像などから，より詳細なデータを収集することができます。また，例えば国土交通省が提供しているハザードマップポータルサイトなどを利用することで，各地域の危険性を把握し，防災に関わる情報を収集することも可能です。さらに，メールによる地域の第三者機関と子どもとの情報交換も有効です。

このような地震と土地の変化や危険性などについての情報を，包括的に整理し，まとめた結果を学習成果として学校のWebページを利用して，学校だよりで情報発信していくことも考えられます。

なお，子ども自身によるインターネットの活用では，個人情報の取り扱いをはじめ，留意すべき事項を確認する必要があります。

理科授業で情報機器を活用するには，どんな方法があるか

▶電子黒板とタブレット端末の連携機能を生かした理科授業

　12-2で説明した様々な情報機器の中でも，今後，特に多くの学校で導入が加速すると予想される電子黒板とタブレット端末の連携機能に着目し，その活用方法について解説します。

　既に述べてきたように，今後の理科教育では，子ども自らが積極的に思考・表現しながら，知識の構築を進めていく授業の開発が求められています。この際，子どもは観察，実験を通じた具体的な事象把握から，図や絵などによる映像的なレベルやことばなどによる思考を働かせていきます。こうした具体から抽象への学習の展開は，子どもと教師，あるいは子ども同士の相互作用を通じて促進されます。子どもが一人で学習することは困難なのです。

　例えば，電子黒板とタブレット端末の連携機能を活用することによって，相互作用を深める対話的な理科授業を実現できます。次に，具体的な事例[1]を示しながら詳しく説明していきます。

▶4年「人の体のつくりと運動」の授業事例

　私たちの体の腕や手には，骨や関節があります。こうした体のつくりに関して，子どもは実際に腕を動かしながら骨や関節のつくりを見いだしていきます。その際，例えば図12-1に示すように，子どもに自分自身の腕の画像を取り込んだタブレット端末上で，腕の骨のつくりに関するイメージを絵で描かせていきます。子どもは「自己の腕」という具体物を基盤として，イメージを働かせながら，徐々に抽象的な思考を展開することが可能となります。タブレット端末が，その橋渡しとして機能しているのです。

　さらに，タブレット端末上で考えを描画した画像を，Wi-Fiネットワーク

環境下で電子黒板に送信させれば，様々な子どもの考えを電子黒板上で集約することができ，教室全体での議論を活性化することができるのです。

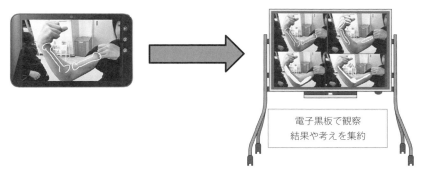

図12-1　タブレット端末への考えの書き込みと電子黒板への集約

次に，図12-2に示すように，腕が動く仕組みについて，子どもは腕の実体モデルと対応付けながら，筋肉の伸縮による説明を行っていきます。同様に，タブレット端末上で考えを描画し，電子黒板上に送信させることで，教室内での考えの発表場面を円滑に設定することができます。こうした対話過程の確立によって，子どもの思考・表現の往復運動が活性化されていくのです。理科授業における情報機器の機能は，こうして発揮されていきます。

図12-2　タブレット端末への描画と電子黒板での説明場面

(1) 和田一郎，長沼武志「ICTを活用した子どもの思考・表現活動の充実に向けた理科授業の開発と実践—電子黒板とタブレット端末の連携機能に着目して—」日本理科教育学会『理科の教育』Vol.63, No.740, 東洋館出版社, 2014.

第 13 章

学習指導案は，どのように書けばよいのか

― 授 業 設 計 ―

解決すべき4つの問題

13 − 1：なぜ学習指導案を書くのか

13 − 2：理科の学習指導案の特徴とは何か

13 − 3：学習指導案は，どのように作成すればよいのか

13 − 4：学習指導案通りに授業が進まないとき，どのように対処すべきか

解決へのとびら

　学習指導案は，日々の授業において準備しなければならないものではありません。現職の教員は，主に，既存の学習指導案や教科書会社が作成している教科書の指導書を活用しながら授業を行っています。週3時間の理科授業において準備万端に学習指導案を書くのは，時間的な制約があり，無理だと思われます。小学校の教諭は，複数の教科・領域を教えなければならないからです。また，学習指導案には，これが定型（prototype）といったものもありません。ほとんどの教員は，既存の学習指導案を多く集め，自分の学級に合った学習指導案を作成しています。第13章では，日々の授業準備から授業研究用の学習指導案までを解説していきます。

13-1 なぜ学習指導案を書くのか

▶日々の学習に学習指導案はいらないのか

　現職の教師は，日々，学習指導案（以下，指導案）を書いているわけではありません。教師は，週案と呼ばれる学習計画を基本に授業を行っているからです。また，もし書いたとしても，基本的には，教師自身のオリジナリティは求められません。すなわち，指導案には，地域性や学校の独自性が優先されるということです。こうした指導案は学習指導要領に基づいて計画されます。

　国は，小学校学習指導要領において，学校の教育課程の基準を示しています。そして，各学校は，国が定めた編成の基準を守り，学校独自の教育課程を編成していきます。すべての小学校に，それぞれの学校の創意工夫を凝らした，子どもや地域の実態に応じた教育課程が存在します。その教育課程に基づいて，学年では，年間の学習活動計画を設定します。さらに，その計画に基づき，各担任は週案上に学校の教育課程にある学習内容を配置していくのです。

　教師は，日々の指導案は書かないのですが，学校の教育課程，年間指導計画，週案から，理科の指導に関して何を教えるべきか，何に基づいて評価するかなどを考慮しなくてはならないのです。多くの教師は，週案の学習内容に一時間で何を教えるかの本時目標，すなわち，何で評価するかの評価規準を記入しています。そうしておくことで，日々の学習で何をすべきかが明確になります。子どもに「確かな学力」を身に付けさせる場である日々の授業において，その質を高めることは，教師に課せられた使命とも考えられます。毎日の授業において，指導案を作成しないまでも，学習指導要領，学校の教育課程，週案が，相互に結び付いていることを意識しながら授業計画・実践することは，授業改善を図るよい機会となります。

▶日々の授業準備と指導案から

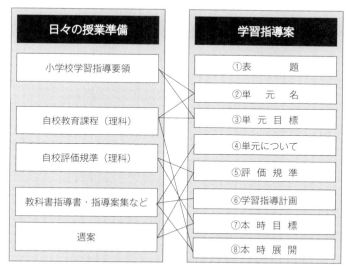

図13-1　日々の授業準備と学習指導案との関係

　上の図は，日々の授業準備と指導案との関係を示したものです。この図を見ると，研究授業などで準備する指導案は，教師が日々の授業準備において考えていることと関連し，それを文字化したものであることが確認できます。指導案は，形式的ですが，大切な財産となります。

　指導案は，校内の授業研究会のために，年間，一人一案作成するのが一般的です。ただし，校内において教育実習生への示範授業を行ったり，研究校であったりすると，年間に数案作成することもあります。経験20年のベテラン教師でも，校内の研究会で理科授業を経験しないと，理科の指導案の作成経験がないということも起きかねません。そのため，数少ない作成の機会には，細心の注意を払いながら取り組むのが常です。こうして積み重ねた指導案は，教師の貴重な財産となっていくのです。

理科の学習指導案の特徴とは何か

▶学習指導案に欠かせない事項の確認

　指導案には，定型はありません。なぜなら，指導案の形式を含めて，研究内容として取り組む学校が多いからです。そこで，どこの学校でもほぼ共通して指導案に記載している事項について説明しましょう。以下の①〜⑧が，多くの指導案に盛り込まれている内容です。

　①表題（理科学習指導案，授業年月日，授業時限，授業場所，指導者），②単元名，③単元目標，④単元について（児童観，教材観，指導観），⑤評価規準，⑥学習指導計画，⑦本時目標，⑧本時展開

　いずれの内容についても，他教科と大きな違いはありません。それでは，どこが理科らしいのでしょうか。いうまでもなく，それは，すべての内容が理科の内容だということです。①〜⑧を簡単に説明すると，次のようになります。

　①表題（理科学習指導案，授業年月日，授業時限，授業場所，指導者）は，理科学習指導案と表記する場合や，理科学習活動案と表記する場合もあります。

　②単元名は，一般的には，学習指導要領の内容名を書くことが多いようです。また，教師によっては，子どもが理解できる範囲で，単元全体の内容を網羅するような名前を付けることもあります。例えば，5年「パワー・アップ電磁石」などは，電磁石の力を強くしたいという子どもの学習開始時の意欲を単元名にしています。

　③単元目標は，学習指導要領の単元目標を記入するのが一般的です。または，学習指導要領に基づいて作成された学校独自の教育課程に記してあるものを転記します。

　④単元について（児童観，教材観，指導観）は，3つの観点から書いていきます。

児童観は，本単元に関わる子どもの既有の概念について，彼らの先行経験（学習経験，生活経験）をふまえて記述していきます。指導案は，学習前に立案する計画なので，子どもの学習前における既有の概念に応じて設計するものです。これは，理科の指導案の大きな特徴です。

　教材観は，教師が，本単元で取り上げる教材について，その採用意図を単元構成との関わりから記述していきます。教科書にある教材だけが教材ではありませんが，教材として取り上げられているのには意味があります。その意味を書くとよいでしょう。

　指導観は，子どもの実態，教材をふまえた上で，いかに指導するかを具体的に書いていきます。本単元では特に子ども同士の話し合い活動を重視する，などの指導上の工夫は，この欄に書きます。

　⑤評価規準は，子どもの学力を評価する指標です。国立教育政策研究所が作成している評価規準に関する参考資料（国立教育政策研究所ホームページ）が参考になるでしょう。または，それに基づいて各学校が作成している評価規準から転記します。

　⑥学習指導計画は，指導案の中核をなす重要な計画です。学習指導要領の内容を網羅するように学習活動として計画に設定します。また，⑤の評価規準を指導計画に関係付ける必要があります。その際，学力の観点と評価方法を明記しておきます。

　⑦本時目標は，本時の学習活動を通して，身に付けさせたい学力を明記します。指導と評価の一体化を考えた場合，この欄に本時展開の評価規準を記すのもよいと思われます。

　⑧本時展開は，子どもの学習活動と教師の支援，評価に分けて表記するのが一般的です。この際，教師の教授活動に対して，子どもがいかに反応するか想定される反応例を考え，詳しく記しておくと，子どもとの対話活動で役立つことになります。一時間当たりの評価規準は，単元全体のバランスを考え，評価でき得る数の適切な評価規準を設定します。

学習指導案は，どのように作成すればよいのか

▶学習指導案には，種類がある

　指導案には，大まかにいって，その内容により略案，指導案，指導細案などの種類があります。先述しましたが，指導案を日々書いている教師はいません。例えば，校内で示範授業をしたり，研究授業を行ったりするときに作成します。示範授業では主に略案を，研究授業では主に指導案や指導細案を作成します。大学生が教育実習で作成するのは，主に略案です。そして，実習期間の最後に行う研究授業では，指導案を作成します。略案は，前節の①，②，③，⑦，⑧で構成することが多いです。

▶学習指導案の作成方法

　ある熟達教師（expert）に「指導案は，何もないところから書き起こしていくのですか」と質問してみたところ，「指導案を集め，自分のクラスに合ったものに作り変えています」という答えが返ってきました。多くの学校では，インターネット情報や教科書の指導書，理科の指導案集と呼ばれる書籍から指導案のサンプルを手に入れているのが一般的です。ただし，ここで注意しなければならないのは，他の先生が作成されたものが，必ずしも自分のクラスに合っているとは限らないことです。一つの単元において数例の指導案を集めたとしても，学級の子どもの実態に合わせて，最終的には一つの指導案にまとめ上げなくてはなりません。また，各社の教科書は，様々な学習活動の流れで書かれています。比較して，子どもの実態に合うように修正していく方法もあります。ただし，ここでも一番重要なのは，学級の子どもの実態に合致しているかどうかです。

▶学習指導案の具体的な形式

表内の丸数字は,前節の項目に該当しています。

理科学習指導案①		
「単元名」②	日時:平成○年○月○日○校時①	
	第○学年○組①	
	場所:○年○組教室① 指導者:○○○○○①	

《単元目標》③

1 単元について④

児童観…
教材観…
指導観…

2 単元の評価規準⑤

主体的に学習に 取り組む態度	思考力・判断力・ 表現力	知識及び技能

3 学習指導計画(全○時間)⑥

学 習 活 動	☆教師の支援　◆評価
第1次　学習テーマ　　　　　　　　　　　　　　　　　○時間	
●学習活動について ・想定される子どもの反応例	☆教師の支援 ◆評価規準　　　(態,行動・発言) 　評価の観点,方法を( )の中に記入する

4 本時目標⑦

5 本時展開(第○次　○時間目)⑧

学 習 活 動	☆教師の支援　◆評価
本時の学習問題	
●学習活動について ・想定される子どもの反応例	☆教師の支援 ◆評価規準　　　(思,発言・記録) 　評価の観点,方法を( )の中に記入する

図13-2　学習指導案の具体的形式

簡単に表すと上記のようになりますが,形式自体に,これといった定型はありません。校内研究の一部とすることをおすすめします。

13-4 学習指導案通りに授業が進まないとき，どのように対処すべきか

▶2つのカリキュラム

5-2でも述べたように，近年，教育の世界では，顕在的カリキュラムと潜在的カリキュラムという2つのカリキュラムの考えが浸透してきています。

顕在的カリキュラムは，文部科学省が規定している小学校学習指導要領です。先述しましたが，学校のカリキュラムは，このガイドラインに沿って作成されています。学習指導要領には，学年で教えるべきことなどが詳細に示されています。ゆえに，指導案を作成する際には，単元に該当する学習指導要領の内容を十分に理解し，それを指導案に反映させる必要があります。

潜在的カリキュラムは，暗黙のうちに子どもに要請され，暗黙のうちに子どもに了解されているカリキュラムのことです。このカリキュラムは，学校の公式な顕在的カリキュラムの中にはない知識や行動様式，性向，意識などが，意図しないままに教師や友達から教えられていくといったものです。

この考えに基づくと，たとえ教師が綿密な指導案を作成していたとしても，潜在的カリキュラムをすべて想定しない限り，状況に即したより完成した授業実践は見られないということです。つまり，よい指導案を作成することも大切ですが，授業を何度となく繰り返すことにより，授業の中で状況に対応できる実践的指導力を身に付ける方が有益と考えられます。教育実習生や初任の教師は，授業が進まなかったり，終わらなかったりすることに対して不安を抱くかもしれませんが，研究授業などで，そのことを咎める先輩教師は皆無と思ってもよいです。

▶そもそも授業は計画通りにいかない

　どんなに熟達（expertise）した教師でも，研究授業などで指導案通りに授業が進むことは，稀なことです。しかし，熟達教師がうまいといわれるのは，初任者（novice）に比べて，状況の変化に柔軟に対応できる能力に長けているところにあります。子どもの表現は，豊かで素晴らしいものです。計画段階で，子どもの豊かな表現に柔軟に対応できるだけの準備ができれば，より充実した指導案となることでしょう。

　研究授業などで指導案通りに授業を進めるように，熟達した教師は，本時目標に近付けるべく，子どもの発話を紡ぐことに全精力を注ぎます。授業の中心から，話題が逸れないように極力気を配ります。それでも指導案通りに授業が終わらないときには，まとめきれなかった内容を次時へ繰り越す勇気ももたなくてはなりません。単元全体の授業時数で，単元で身に付けさせなければならない内容を網羅できればよいと考えます。

▶指導案は計画であり，ゴールではない

　初任の教師と熟達した教師の指導計画の立て方を比較した，次のような分析がありますので紹介します[1]。

表13-1　初任者と熟達者との比較

	初任者の教師	熟達した教師
カリキュラム評価	学級を全体と考え計画する 短期的な計画に焦点を合わせて，構造化の程度が高い計画を立てる	子どもの個人差に合わせる 短期の計画と長期の計画に目が行き，大まかな計画を立てる

　精細な計画を立てて授業を実施することは，決して悪いことではありません。教師の多くが，人に見せる授業での失敗を恐れ，初任者のように構造化された指導案の準備が必須であると考えるのは当然なことです。「案ずるより産むが易し」です。子どもと一緒に授業を楽しんでください。

---

(1) A. M. O'Donnell, *Educational Psychology: Reflection for Action*, 2nd ed., p.39, Wiley, 2008.

小学校学習指導要領　第2章　第4節　理科

第1　目標
　自然に親しみ，理科の見方・考え方を働かせ，見通しをもって観察，実験を行うことなどを通して，自然の事物・現象についての問題を科学的に解決するために必要な資質・能力を次のとおり育成することを目指す。
(1)　自然の事物・現象についての理解を図り，観察，実験などに関する基本的な技能を身に付けるようにする。
(2)　観察，実験などを行い，問題解決の力を養う。
(3)　自然を愛する心情や主体的に問題解決しようとする態度を養う。

第2　各学年の目標及び内容
〔第3学年〕
1　目標
(1)　物質・エネルギー
① 　物の性質，風とゴムの力の働き，光と音の性質，磁石の性質及び電気の回路についての理解を図り，観察，実験などに関する基本的な技能を身に付けるようにする。
② 　物の性質，風とゴムの力の働き，光と音の性質，磁石の性質及び電気の回路について追究する中で，主に差異点や共通点を基に，問題を見いだす力を養う。
③ 　物の性質，風とゴムの力の働き，光と音の性質，磁石の性質及び電気の回路について追究する中で，主体的に問題解決しようとする態度を養う。
(2)　生命・地球
① 　身の回りの生物，太陽と地面の様子についての理解を図り，観察，実験などに関する基本的な技能を身に付けるようにする。
② 　身の回りの生物，太陽と地面の様子について追究する中で，主に差異点や共通点を基に，問題を見いだす力を養う。
③ 　身の回りの生物，太陽と地面の様子について追究する中で，生物を愛護する態度や主体的に問題解決しようとする態度を養う。

2　内容
A　物質・エネルギー
(1)　物と重さ
　　物の性質について，形や体積に着目して，重さを比較しながら調べる活動を通して，

次の事項を身に付けることができるよう指導する。
　ア　次のことを理解するとともに，観察，実験などに関する技能を身に付けること。
　　(ｱ)　物は，形が変わっても重さは変わらないこと。
　　(ｲ)　物は，体積が同じでも重さは違うことがあること。
　イ　物の形や体積と重さとの関係について追究する中で，差異点や共通点を基に，物の性質についての問題を見いだし，表現すること。
(2)　風とゴムの力の働き
　風とゴムの力の働きについて，力と物の動く様子に着目して，それらを比較しながら調べる活動を通して，次の事項を身に付けることができるよう指導する。
　ア　次のことを理解するとともに，観察，実験などに関する技能を身に付けること。
　　(ｱ)　風の力は，物を動かすことができること。また，風の力の大きさを変えると，物が動く様子も変わること。
　　(ｲ)　ゴムの力は，物を動かすことができること。また，ゴムの力の大きさを変えると，物が動く様子も変わること。
　イ　風とゴムの力で物が動く様子について追究する中で，差異点や共通点を基に，風とゴムの力の働きについての問題を見いだし，表現すること。
(3)　光と音の性質
　光と音の性質について，光を当てたときの明るさや暖かさ，音を出したときの震え方に着目して，光の強さや音の大きさを変えたときの違いを比較しながら調べる活動を通して，次の事項を身に付けることができるよう指導する。
　ア　次のことを理解するとともに，観察，実験などに関する技能を身に付けること。
　　(ｱ)　日光は直進し，集めたり反射させたりできること。
　　(ｲ)　物に日光を当てると，物の明るさや暖かさが変わること。
　　(ｳ)　物から音が出たり伝わったりするとき，物は震えていること。また，音の大きさが変わるとき物の震え方が変わること。
　イ　光を当てたときの明るさや暖かさの様子，音を出したときの震え方の様子について追究する中で，差異点や共通点を基に，光と音の性質についての問題を見いだし，表現すること。
(4)　磁石の性質
　磁石の性質について，磁石を身の回りの物に近付けたときの様子に着目して，それらを比較しながら調べる活動を通して，次の事項を身に付けることができるよう指導する。
　ア　次のことを理解するとともに，観察，実験などに関する技能を身に付けること。
　　(ｱ)　磁石に引き付けられる物と引き付けられない物があること。また，磁石に近付けると磁石になる物があること。
　　(ｲ)　磁石の異極は引き合い，同極は退け合うこと。

イ　磁石を身の回りの物に近付けたときの様子について追究する中で，差異点や共通点を基に，磁石の性質についての問題を見いだし，表現すること。
(5)　電気の通り道
　　電気の回路について，乾電池と豆電球などのつなぎ方と乾電池につないだ物の様子に着目して，電気を通すときと通さないときのつなぎ方を比較しながら調べる活動を通して，次の事項を身に付けることができるよう指導する。
　　ア　次のことを理解するとともに，観察，実験などに関する技能を身に付けること。
　　　(ｱ)　電気を通すつなぎ方と通さないつなぎ方があること。
　　　(ｲ)　電気を通す物と通さない物があること。
　　イ　乾電池と豆電球などのつなぎ方と乾電池につないだ物の様子について追究する中で，差異点や共通点を基に，電気の回路についての問題を見いだし，表現すること。
B　生命・地球
(1)　身の回りの生物
　　身の回りの生物について，探したり育てたりする中で，それらの様子や周辺の環境，成長の過程や体のつくりに着目して，それらを比較しながら調べる活動を通して，次の事項を身に付けることができるよう指導する。
　　ア　次のことを理解するとともに，観察，実験などに関する技能を身に付けること。
　　　(ｱ)　生物は，色，形，大きさなど，姿に違いがあること。また，周辺の環境と関わって生きていること。
　　　(ｲ)　昆虫の育ち方には一定の順序があること。また，成虫の体は頭，胸及び腹からできていること。
　　　(ｳ)　植物の育ち方には一定の順序があること。また，その体は根，茎及び葉からできていること。
　　イ　身の回りの生物の様子について追究する中で，差異点や共通点を基に，身の回りの生物と環境との関わり，昆虫や植物の成長のきまりや体のつくりについての問題を見いだし，表現すること。
(2)　太陽と地面の様子
　　太陽と地面の様子との関係について，日なたと日陰の様子に着目して，それらを比較しながら調べる活動を通して，次の事項を身に付けることができるよう指導する。
　　ア　次のことを理解するとともに，観察，実験などに関する技能を身に付けること。
　　　(ｱ)　日陰は太陽の光を遮るとでき，日陰の位置は太陽の位置の変化によって変わること。
　　　(ｲ)　地面は太陽によって暖められ，日なたと日陰では地面の暖かさや湿り気に違いがあること。
　　イ　日なたと日陰の様子について追究する中で，差異点や共通点を基に，太陽と地面

の様子との関係についての問題を見いだし，表現すること。

3　内容の取扱い
(1) 内容の「A物質・エネルギー」の指導に当たっては，3種類以上のものづくりを行うものとする。
(2) 内容の「A物質・エネルギー」の(4)のアの(ア)については，磁石が物を引き付ける力は，磁石と物の距離によって変わることにも触れること。
(3) 内容の「B生命・地球」の(1)については，次のとおり取り扱うものとする。
　ア　アの(イ)及び(ウ)については，飼育，栽培を通して行うこと。
　イ　アの(ウ)の「植物の育ち方」については，夏生一年生の双子葉植物を扱うこと。
(4) 内容の「B生命・地球」の(2)のアの(ア)の「太陽の位置の変化」については，東から南，西へと変化することを取り扱うものとする。また，太陽の位置を調べるときの方位は東，西，南，北を扱うものとする。

〔第4学年〕
1　目　標
　(1)　物質・エネルギー
　①　空気，水及び金属の性質，電流の働きについての理解を図り，観察，実験などに関する基本的な技能を身に付けるようにする。
　②　空気，水及び金属の性質，電流の働きについて追究する中で，主に既習の内容や生活経験を基に，根拠のある予想や仮説を発想する力を養う。
　③　空気，水及び金属の性質，電流の働きについて追究する中で，主体的に問題解決しようとする態度を養う。
　(2)　生命・地球
　①　人の体のつくりと運動，動物の活動や植物の成長と環境との関わり，雨水の行方と地面の様子，気象現象，月や星についての理解を図り，観察，実験などに関する基本的な技能を身に付けるようにする。
　②　人の体のつくりと運動，動物の活動や植物の成長と環境との関わり，雨水の行方と地面の様子，気象現象，月や星について追究する中で，主に既習の内容や生活経験を基に，根拠のある予想や仮説を発想する力を養う。
　③　人の体のつくりと運動，動物の活動や植物の成長と環境との関わり，雨水の行方と地面の様子，気象現象，月や星について追究する中で，生物を愛護する態度や主体的に問題解決しようとする態度を養う。

2　内　容
A　物質・エネルギー
(1) 空気と水の性質
　　空気と水の性質について，体積や圧し返す力の変化に着目して，それらと圧す力とを関係付けて調べる活動を通して，次の事項を身に付けることができるよう指導する。
　　ア　次のことを理解するとともに，観察，実験などに関する技能を身に付けること。
　　　(ア)　閉じ込めた空気を圧すと，体積は小さくなるが，圧し返す力は大きくなること。
　　　(イ)　閉じ込めた空気は圧し縮められるが，水は圧し縮められないこと。
　　イ　空気と水の性質について追究する中で，既習の内容や生活経験を基に，空気と水の体積や圧し返す力の変化と圧す力との関係について，根拠のある予想や仮説を発想し，表現すること。
(2) 金属，水，空気と温度
　　金属，水及び空気の性質について，体積や状態の変化，熱の伝わり方に着目して，それらと温度の変化とを関係付けて調べる活動を通して，次の事項を身に付けることができるよう指導する。
　　ア　次のことを理解するとともに，観察，実験などに関する技能を身に付けること。
　　　(ア)　金属，水及び空気は，温めたり冷やしたりすると，それらの体積が変わるが，その程度には違いがあること。
　　　(イ)　金属は熱せられた部分から順に温まるが，水や空気は熱せられた部分が移動して全体が温まること。
　　　(ウ)　水は，温度によって水蒸気や氷に変わること。また，水が氷になると体積が増えること。
　　イ　金属，水及び空気の性質について追究する中で，既習の内容や生活経験を基に，金属，水及び空気の温度を変化させたときの体積や状態の変化，熱の伝わり方について，根拠のある予想や仮説を発想し，表現すること。
(3) 電流の働き
　　電流の働きについて，電流の大きさや向きと乾電池につないだ物の様子に着目して，それらを関係付けて調べる活動を通して，次の事項を身に付けることができるよう指導する。
　　ア　次のことを理解するとともに，観察，実験などに関する技能を身に付けること。
　　　(ア)　乾電池の数やつなぎ方を変えると，電流の大きさや向きが変わり，豆電球の明るさやモーターの回り方が変わること。
　　イ　電流の働きについて追究する中で，既習の内容や生活経験を基に，電流の大きさや向きと乾電池につないだ物の様子との関係について，根拠のある予想や仮説を発想し，表現すること。

B 生命・地球
(1) 人の体のつくりと運動
　　人や他の動物について，骨や筋肉のつくりと働きに着目して，それらを関係付けて調べる活動を通して，次の事項を身に付けることができるよう指導する。
　　ア　次のことを理解するとともに，観察，実験などに関する技能を身に付けること。
　　　(ｱ)　人の体には骨と筋肉があること。
　　　(ｲ)　人が体を動かすことができるのは，骨，筋肉の働きによること。
　　イ　人や他の動物について追究する中で，既習の内容や生活経験を基に，人や他の動物の骨や筋肉のつくりと働きについて，根拠のある予想や仮説を発想し，表現すること。
(2) 季節と生物
　　身近な動物や植物について，探したり育てたりする中で，動物の活動や植物の成長と季節の変化に着目して，それらを関係付けて調べる活動を通して，次の事項を身に付けることができるよう指導する。
　　ア　次のことを理解するとともに，観察，実験などに関する技能を身に付けること。
　　　(ｱ)　動物の活動は，暖かい季節，寒い季節などによって違いがあること。
　　　(ｲ)　植物の成長は，暖かい季節，寒い季節などによって違いがあること。
　　イ　身近な動物や植物について追究する中で，既習の内容や生活経験を基に，季節ごとの動物の活動や植物の成長の変化について，根拠のある予想や仮説を発想し，表現すること。
(3) 雨水の行方と地面の様子
　　雨水の行方と地面の様子について，流れ方やしみ込み方に着目して，それらと地面の傾きや土の粒の大きさとを関係付けて調べる活動を通して，次の事項を身に付けることができるよう指導する。
　　ア　次のことを理解するとともに，観察，実験などに関する技能を身に付けること。
　　　(ｱ)　水は，高い場所から低い場所へと流れて集まること。
　　　(ｲ)　水のしみ込み方は，土の粒の大きさによって違いがあること。
　　イ　雨水の行方と地面の様子について追究する中で，既習の内容や生活経験を基に，雨水の流れ方やしみ込み方と地面の傾きや土の粒の大きさとの関係について，根拠のある予想や仮説を発想し，表現すること。
(4) 天気の様子
　　天気や自然界の水の様子について，気温や水の行方に着目して，それらと天気の様子や水の状態変化とを関係付けて調べる活動を通して，次の事項を身に付けることができるよう指導する。
　　ア　次のことを理解するとともに，観察，実験などに関する技能を身に付けること。

(ア)　天気によって１日の気温の変化の仕方に違いがあること。
　　　(イ)　水は、水面や地面などから蒸発し、水蒸気になって空気中に含まれていくこと。また、空気中の水蒸気は、結露して再び水になって現れることがあること。
　　イ　天気や自然界の水の様子について追究する中で、既習の内容や生活経験を基に、天気の様子や水の状態変化と気温や水の行方との関係について、根拠のある予想や仮説を発想し、表現すること。
(5)　月と星
　　月や星の特徴について、位置の変化や時間の経過に着目して、それらを関係付けて調べる活動を通して、次の事項を身に付けることができるよう指導する。
　　ア　次のことを理解するとともに、観察、実験などに関する技能を身に付けること。
　　　(ア)　月は日によって形が変わって見え、１日のうちでも時刻によって位置が変わること。
　　　(イ)　空には、明るさや色の違う星があること。
　　　(ウ)　星の集まりは、１日のうちでも時刻によって、並び方は変わらないが、位置が変わること。
　　イ　月や星の特徴について追究する中で、既習の内容や生活経験を基に、月や星の位置の変化と時間の経過との関係について、根拠のある予想や仮説を発想し、表現すること。

3　内容の取扱い

(1)　内容の「Ａ物質・エネルギー」の(3)のアの(ア)については、直列つなぎと並列つなぎを扱うものとする。
(2)　内容の「Ａ物質・エネルギー」の指導に当たっては、２種類以上のものづくりを行うものとする。
(3)　内容の「Ｂ生命・地球」の(1)のアの(イ)については、関節の働きを扱うものとする。
(4)　内容の「Ｂ生命・地球」の(2)については、１年を通じて動物の活動や植物の成長をそれぞれ２種類以上観察するものとする。

〔第５学年〕
1　目　標

(1)　物質・エネルギー
① 物の溶け方、振り子の運動、電流がつくる磁力についての理解を図り、観察、実験などに関する基本的な技能を身に付けるようにする。
② 物の溶け方、振り子の運動、電流がつくる磁力について追究する中で、主に予想や仮説を基に、解決の方法を発想する力を養う。

③ 物の溶け方，振り子の運動，電流がつくる磁力について追究する中で，主体的に問題解決しようとする態度を養う。
(2) 生命・地球
① 生命の連続性，流れる水の働き，気象現象の規則性についての理解を図り，観察，実験などに関する基本的な技能を身に付けるようにする。
② 生命の連続性，流れる水の働き，気象現象の規則性について追究する中で，主に予想や仮説を基に，解決の方法を発想する力を養う。
③ 生命の連続性，流れる水の働き，気象現象の規則性について追究する中で，生命を尊重する態度や主体的に問題解決しようとする態度を養う。

2　内　容
A　物質・エネルギー
(1) 物の溶け方
　　物の溶け方について，溶ける量や様子に着目して，水の温度や量などの条件を制御しながら調べる活動を通して，次の事項を身に付けることができるよう指導する。
　　ア　次のことを理解するとともに，観察，実験などに関する技能を身に付けること。
　　　(ｱ)　物が水に溶けても，水と物とを合わせた重さは変わらないこと。
　　　(ｲ)　物が水に溶ける量には，限度があること。
　　　(ｳ)　物が水に溶ける量は水の温度や量，溶ける物によって違うこと。また，この性質を利用して，溶けている物を取り出すことができること。
　　イ　物の溶け方について追究する中で，物の溶け方の規則性についての予想や仮説を基に，解決の方法を発想し，表現すること。
(2) 振り子の運動
　　振り子の運動の規則性について，振り子が1往復する時間に着目して，おもりの重さや振り子の長さなどの条件を制御しながら調べる活動を通して，次の事項を身に付けることができるよう指導する。
　　ア　次のことを理解するとともに，観察，実験などに関する技能を身に付けること。
　　　(ｱ)　振り子が1往復する時間は，おもりの重さなどによっては変わらないが，振り子の長さによって変わること。
　　イ　振り子の運動の規則性について追究する中で，振り子が1往復する時間に関係する条件についての予想や仮説を基に，解決の方法を発想し，表現すること。
(3) 電流がつくる磁力
　　電流がつくる磁力について，電流の大きさや向き，コイルの巻数などに着目して，それらの条件を制御しながら調べる活動を通して，次の事項を身に付けることができるよう指導する。

ア　次のことを理解するとともに，観察，実験などに関する技能を身に付けること。
　　　(ｱ)　電流の流れているコイルは，鉄心を磁化する働きがあり，電流の向きが変わる
　　　　と，電磁石の極も変わること。
　　　(ｲ)　電磁石の強さは，電流の大きさや導線の巻数によって変わること。
　　イ　電流がつくる磁力について追究する中で，電流がつくる磁力の強さに関係する条
　　　件についての予想や仮説を基に，解決の方法を発想し，表現すること。
B　生命・地球
(1)　植物の発芽，成長，結実
　　植物の育ち方について，発芽，成長及び結実の様子に着目して，それらに関わる条件
　を制御しながら調べる活動を通して，次の事項を身に付けることができるよう指導する。
　　ア　次のことを理解するとともに，観察，実験などに関する技能を身に付けること。
　　　(ｱ)　植物は，種子の中の養分を基にして発芽すること。
　　　(ｲ)　植物の発芽には，水，空気及び温度が関係していること。
　　　(ｳ)　植物の成長には，日光や肥料などが関係していること。
　　　(ｴ)　花にはおしべやめしべなどがあり，花粉がめしべの先に付くとめしべのもとが
　　　　実になり，実の中に種子ができること。
　　イ　植物の育ち方について追究する中で，植物の発芽，成長及び結実とそれらに関わ
　　　る条件についての予想や仮説を基に，解決の方法を発想し，表現すること。
(2)　動物の誕生
　　動物の発生や成長について，魚を育てたり人の発生についての資料を活用したりする
　中で，卵や胎児の様子に着目して，時間の経過と関係付けて調べる活動を通して，次の
　事項を身に付けることができるよう指導する。
　　ア　次のことを理解するとともに，観察，実験などに関する技能を身に付けること。
　　　(ｱ)　魚には雌雄があり，生まれた卵は日がたつにつれて中の様子が変化してかえる
　　　　こと。
　　　(ｲ)　人は，母体内で成長して生まれること。
　　イ　動物の発生や成長について追究する中で，動物の発生や成長の様子と経過につい
　　　ての予想や仮説を基に，解決の方法を発想し，表現すること。
(3)　流れる水の働きと土地の変化
　　流れる水の働きと土地の変化について，水の速さや量に着目して，それらの条件を制
　御しながら調べる活動を通して，次の事項を身に付けることができるよう指導する。
　　ア　次のことを理解するとともに，観察，実験などに関する技能を身に付けること。
　　　(ｱ)　流れる水には，土地を侵食したり，石や土などを運搬したり堆積させたりする
　　　　働きがあること。
　　　(ｲ)　川の上流と下流によって，川原の石の大きさや形に違いがあること。

(ウ) 雨の降り方によって，流れる水の量や速さは変わり，増水により土地の様子が大きく変化する場合があること。
　　イ　流れる水の働きについて追究する中で，流れる水の働きと土地の変化との関係についての予想や仮説を基に，解決の方法を発想し，表現すること。
(4) 天気の変化
　　天気の変化の仕方について，雲の様子を観測したり，映像などの気象情報を活用したりする中で，雲の量や動きに着目して，それらと天気の変化とを関係付けて調べる活動を通して，次の事項を身に付けることができるよう指導する。
　　ア　次のことを理解するとともに，観察，実験などに関する技能を身に付けること。
　　　(ア) 天気の変化は，雲の量や動きと関係があること。
　　　(イ) 天気の変化は，映像などの気象情報を用いて予想できること。
　　イ　天気の変化の仕方について追究する中で，天気の変化の仕方と雲の量や動きとの関係についての予想や仮説を基に，解決の方法を発想し，表現すること。

3　内容の取扱い

(1) 内容の「A物質・エネルギー」の指導に当たっては，2種類以上のものづくりを行うものとする。
(2) 内容の「A物質・エネルギー」の(1)については，水溶液の中では，溶けている物が均一に広がることにも触れること。
(3) 内容の「B生命・地球」の(1)については，次のとおり取り扱うものとする。
　　ア　アの(ア)の「種子の中の養分」については，でんぷんを扱うこと。
　　イ　アの(エ)については，おしべ，めしべ，がく及び花びらを扱うこと。また，受粉については，風や昆虫などが関係していることにも触れること。
(4) 内容の「B生命・地球」の(2)のアの(イ)については，人の受精に至る過程は取り扱わないものとする。
(5) 内容の「B生命・地球」の(3)のアの(ウ)については，自然災害についても触れること。
(6) 内容の「B生命・地球」の(4)のアの(イ)については，台風の進路による天気の変化や台風と降雨との関係及びそれに伴う自然災害についても触れること。

〔第6学年〕

1　目　標

(1) 物質・エネルギー
① 燃焼の仕組み，水溶液の性質，てこの規則性及び電気の性質や働きについての理解を図り，観察，実験などに関する基本的な技能を身に付けるようにする。
② 燃焼の仕組み，水溶液の性質，てこの規則性及び電気の性質や働きについて追究す

る中で，主にそれらの仕組みや性質，規則性及び働きについて，より妥当な考えをつ
　　　くりだす力を養う。
　　③　燃焼の仕組み，水溶液の性質，てこの規則性及び電気の性質や働きについて追究す
　　　る中で，主体的に問題解決しようとする態度を養う。
　(2)　生命・地球
　　①　生物の体のつくりと働き，生物と環境との関わり，土地のつくりと変化，月の形の
　　　見え方と太陽との位置関係についての理解を図り，観察，実験などに関する基本的な
　　　技能を身に付けるようにする。
　　②　生物の体のつくりと働き，生物と環境との関わり，土地のつくりと変化，月の形の
　　　見え方と太陽との位置関係について追究する中で，主にそれらの働きや関わり，変化
　　　及び関係について，より妥当な考えをつくりだす力を養う。
　　③　生物の体のつくりと働き，生物と環境との関わり，土地のつくりと変化，月の形の
　　　見え方と太陽との位置関係について追究する中で，生命を尊重する態度や主体的に問
　　　題解決しようとする態度を養う。

2　内　容

A　物質・エネルギー

(1)　燃焼の仕組み
　　燃焼の仕組みについて，空気の変化に着目して，物の燃え方を多面的に調べる活動を
　通して，次の事項を身に付けることができるよう指導する。
　　ア　次のことを理解するとともに，観察，実験などに関する技能を身に付けること。
　　　(ｱ)　植物体が燃えるときには，空気中の酸素が使われて二酸化炭素ができること。
　　イ　燃焼の仕組みについて追究する中で，物が燃えたときの空気の変化について，よ
　　　り妥当な考えをつくりだし，表現すること。

(2)　水溶液の性質
　　水溶液について，溶けている物に着目して，それらによる水溶液の性質や働きの違い
　を多面的に調べる活動を通して，次の事項を身に付けることができるよう指導する。
　　ア　次のことを理解するとともに，観察，実験などに関する技能を身に付けること。
　　　(ｱ)　水溶液には，酸性，アルカリ性及び中性のものがあること。
　　　(ｲ)　水溶液には，気体が溶けているものがあること。
　　　(ｳ)　水溶液には，金属を変化させるものがあること。
　　イ　水溶液の性質や働きについて追究する中で，溶けているものによる性質や働きの
　　　違いについて，より妥当な考えをつくりだし，表現すること。

(3)　てこの規則性
　　てこの規則性について，力を加える位置や力の大きさに着目して，てこの働きを多面

的に調べる活動を通して,次の事項を身に付けることができるよう指導する。
　　ア　次のことを理解するとともに,観察,実験などに関する技能を身に付けること。
　　　(ア)　力を加える位置や力の大きさを変えると,てこを傾ける働きが変わり,てこがつり合うときにはそれらの間に規則性があること。
　　　(イ)　身の回りには,てこの規則性を利用した道具があること。
　　イ　てこの規則性について追究する中で,力を加える位置や力の大きさとてこの働きとの関係について,より妥当な考えをつくりだし,表現すること。
(4)　電気の利用
　　発電や蓄電,電気の変換について,電気の量や働きに着目して,それらを多面的に調べる活動を通して,次の事項を身に付けることができるよう指導する。
　　ア　次のことを理解するとともに,観察,実験などに関する技能を身に付けること。
　　　(ア)　電気は,つくりだしたり蓄えたりすることができること。
　　　(イ)　電気は,光,音,熱,運動などに変換することができること。
　　　(ウ)　身の回りには,電気の性質や働きを利用した道具があること。
　　イ　電気の性質や働きについて追究する中で,電気の量と働きとの関係,発電や蓄電,電気の変換について,より妥当な考えをつくりだし,表現すること。

B　生命・地球
(1)　人の体のつくりと働き
　　人や他の動物について,体のつくりと呼吸,消化,排出及び循環の働きに着目して,生命を維持する働きを多面的に調べる活動を通して,次の事項を身に付けることができるよう指導する。
　　ア　次のことを理解するとともに,観察,実験などに関する技能を身に付けること。
　　　(ア)　体内に酸素が取り入れられ,体外に二酸化炭素などが出されていること。
　　　(イ)　食べ物は,口,胃,腸などを通る間に消化,吸収され,吸収されなかった物は排出されること。
　　　(ウ)　血液は,心臓の働きで体内を巡り,養分,酸素及び二酸化炭素などを運んでいること。
　　　(エ)　体内には,生命活動を維持するための様々な臓器があること。
　　イ　人や他の動物の体のつくりと働きについて追究する中で,体のつくりと呼吸,消化,排出及び循環の働きについて,より妥当な考えをつくりだし,表現すること。
(2)　植物の養分と水の通り道
　　植物について,その体のつくり,体内の水などの行方及び葉で養分をつくる働きに着目して,生命を維持する働きを多面的に調べる活動を通して,次の事項を身に付けることができるよう指導する。
　　ア　次のことを理解するとともに,観察,実験などに関する技能を身に付けること。

(ア) 植物の葉に日光が当たるとでんぷんができること。
　　　(イ) 根，茎及び葉には，水の通り道があり，根から吸い上げられた水は主に葉から蒸散により排出されること。
　　イ　植物の体のつくりと働きについて追究する中で，体のつくり，体内の水などの行方及び葉で養分をつくる働きについて，より妥当な考えをつくりだし，表現すること。
(3) 生物と環境
　　生物と環境について，動物や植物の生活を観察したり資料を活用したりする中で，生物と環境との関わりに着目して，それらを多面的に調べる活動を通して，次の事項を身に付けることができるよう指導する。
　　ア　次のことを理解するとともに，観察，実験などに関する技能を身に付けること。
　　　(ア) 生物は，水及び空気を通して周囲の環境と関わって生きていること。
　　　(イ) 生物の間には，食う食われるという関係があること。
　　　(ウ) 人は，環境と関わり，工夫して生活していること。
　　イ　生物と環境について追究する中で，生物と環境との関わりについて，より妥当な考えをつくりだし，表現すること。
(4) 土地のつくりと変化
　　土地のつくりと変化について，土地やその中に含まれる物に着目して，土地のつくりやでき方を多面的に調べる活動を通して，次の事項を身に付けることができるよう指導する。
　　ア　次のことを理解するとともに，観察，実験などに関する技能を身に付けること。
　　　(ア) 土地は，礫，砂，泥，火山灰などからできており，層をつくって広がっているものがあること。また，層には化石が含まれているものがあること。
　　　(イ) 地層は，流れる水の働きや火山の噴火によってできること。
　　　(ウ) 土地は，火山の噴火や地震によって変化すること。
　　イ　土地のつくりと変化について追究する中で，土地のつくりやでき方について，より妥当な考えをつくりだし，表現すること。
(5) 月と太陽
　　月の形の見え方について，月と太陽の位置に着目して，それらの位置関係を多面的に調べる活動を通して，次の事項を身に付けることができるよう指導する。
　　ア　次のことを理解するとともに，観察，実験などに関する技能を身に付けること。
　　　(ア) 月の輝いている側に太陽があること。また，月の形の見え方は，太陽と月との位置関係によって変わること。
　　イ　月の形の見え方について追究する中で，月の位置や形と太陽の位置との関係について，より妥当な考えをつくりだし，表現すること。

3 内容の取扱い
(1) 内容の「A物質・エネルギー」の指導に当たっては，2種類以上のものづくりを行うものとする。
(2) 内容の「A物質・エネルギー」の(4)のアの(ア)については，電気をつくりだす道具として，手回し発電機，光電池などを扱うものとする。
(3) 内容の「B生命・地球」の(1)については，次のとおり取り扱うものとする。
　ア　アの(ウ)については，心臓の拍動と脈拍とが関係することにも触れること。
　イ　アの(エ)については，主な臓器として，肺，胃，小腸，大腸，肝臓，腎臓，心臓を扱うこと。
(4) 内容の「B生命・地球」の(3)については，次のとおり取り扱うものとする。
　ア　アの(ア)については，水が循環していることにも触れること。
　イ　アの(イ)については，水中の小さな生物を観察し，それらが魚などの食べ物になっていることに触れること。
(5) 内容の「B生命・地球」の(4)については，次のとおり取り扱うものとする。
　ア　アの(イ)については，流れる水の働きでできた岩石として礫岩，砂岩，泥岩を扱うこと。
　イ　アの(ウ)については，自然災害についても触れること。
(6) 内容の「B生命・地球」の(5)のアの(ア)については，地球から見た太陽と月との位置関係で扱うものとする。

第3　指導計画の作成と内容の取扱い

1　指導計画の作成に当たっては，次の事項に配慮するものとする。
　(1) 単元など内容や時間のまとまりを見通して，その中で育む資質・能力の育成に向けて，児童の主体的・対話的で深い学びの実現を図るようにすること。その際，理科の学習過程の特質を踏まえ，理科の見方・考え方を働かせ，見通しをもって観察，実験を行うことなどの，問題を科学的に解決しようとする学習活動の充実を図ること。
　(2) 各学年で育成を目指す思考力，判断力，表現力等については，該当学年において育成することを目指す力のうち，主なものを示したものであり，実際の指導に当たっては，他の学年で掲げている力の育成についても十分に配慮すること。
　(3) 障害のある児童などについては，学習活動を行う場合に生じる困難さに応じた指導内容や指導方法の工夫を計画的，組織的に行うこと。
　(4) 第1章総則の第1の2の(2)に示す道徳教育の目標に基づき，道徳科などとの関連を考慮しながら，第3章特別の教科道徳の第2に示す内容について，理科の特質に応じて適切な指導をすること。
2　第2の内容の取扱いについては，次の事項に配慮するものとする。

(1) 問題を見いだし,予想や仮説,観察,実験などの方法について考えたり説明したりする学習活動,観察,実験の結果を整理し考察する学習活動,科学的な言葉や概念を使用して考えたり説明したりする学習活動などを重視することによって,言語活動が充実するようにすること。
 (2) 観察,実験などの指導に当たっては,指導内容に応じてコンピュータや情報通信ネットワークなどを適切に活用できるようにすること。また,第1章総則の第3の1の(3)のイに掲げるプログラミングを体験しながら論理的思考力を身に付けるための学習活動を行う場合には,児童の負担に配慮しつつ,例えば第2の各学年の内容の〔第6学年〕の「A物質・エネルギー」の(4)における電気の性質や働きを利用した道具があることを捉える学習など,与えた条件に応じて動作していることを考察し,更に条件を変えることにより,動作が変化することについて考える場面で取り扱うものとする。
 (3) 生物,天気,川,土地などの指導に当たっては,野外に出掛け地域の自然に親しむ活動や体験的な活動を多く取り入れるとともに,生命を尊重し,自然環境の保全に寄与する態度を養うようにすること。
 (4) 天気,川,土地などの指導に当たっては,災害に関する基礎的な理解が図られるようにすること。
 (5) 個々の児童が主体的に問題解決の活動を進めるとともに,日常生活や他教科等との関連を図った学習活動,目的を設定し,計測して制御するという考え方に基づいた学習活動が充実するようにすること。
 (6) 博物館や科学学習センターなどと連携,協力を図りながら,それらを積極的に活用すること。
3 観察,実験などの指導に当たっては,事故防止に十分留意すること。また,環境整備に十分配慮するとともに,使用薬品についても適切な措置をとるよう配慮すること。

小学校学習指導要領解説　理科編

第2章　理科の目標及び内容

第1節　教科の目標

　小学校理科の教科の目標は，以下のとおりである。

> 　自然に親しみ，理科の見方・考え方を働かせ，見通しをもって観察，実験を行うことなどを通して，自然の事物・現象についての問題を科学的に解決するために必要な資質・能力を次のとおり育成することを目指す。
> (1)　自然の事物・現象についての理解を図り，観察，実験などに関する基本的な技能を身に付けるようにする。
> (2)　観察，実験などを行い，問題解決の力を養う。
> (3)　自然を愛する心情や主体的に問題解決しようとする態度を養う。

　この目標は，小学校理科においてどのような資質・能力の育成を目指しているのかを簡潔に示したものである。今回の改訂において，各教科等において育成を目指す資質・能力が三つの柱で整理されたことを踏まえ，小学校理科においても，その三つの柱に沿って，育成を目指す資質・能力を整理した。
　初めに，どのような学習の過程を通して資質・能力を育成するのかを示し，次に(1)には育成を目指す資質・能力のうち「知識及び技能」を，(2)には「思考力，判断力，表現力等」を，(3)には「学びに向かう力，人間性等」を示している。
　目標の理解を深めるために，目標を構成している文章を文節，又は(1)から(3)の資質・能力に区切り，それぞれの意図するものについて，以下に示すことにする。
　なお，自然の事物・現象についての問題を科学的に解決するために必要な資質・能力については，相互に関連し合うものであり，資質・能力を(1)，(2)，(3)の順に育成するものではないことに留意が必要である。

○　「自然に親しみ」について
　理科の学習は，児童が自然に親しむことから始まる。
　ここで，「自然に親しむ」とは，単に自然に触れたり，慣れ親しんだりするということだけではない。児童が関心や意欲をもって対象と関わることにより，自ら問題を見いだし，それを追究していく活動を行うとともに，見いだした問題を追究し，解決していく中で，新たな問題を見いだし，繰り返し自然の事物・現象に関わっていくことを含意してい

る。児童に自然の事物・現象を提示したり,自然の中に連れて行ったりする際には,児童が対象である自然の事物・現象に関心や意欲を高めつつ,そこから問題意識を醸成し,主体的に追究していくことができるように意図的な活動の場を工夫することが必要である。

○ 「理科の見方・考え方を働かせ」について

　理科においては,従来,「科学的な見方や考え方」を育成することを重要な目標として位置付け,資質・能力を包括するものとして示してきた。「見方や考え方」とは,「問題解決の活動によって児童が身に付ける方法や手続きと,その方法や手続きによって得られた結果及び概念を包含する」という表現で示されてきたところである。しかし,今回の改訂では,資質・能力をより具体的なものとして示し,「見方・考え方」は資質・能力を育成する過程で児童が働かせる「物事を捉える視点や考え方」であること,更には教科等ごとの特徴があり,各教科等を学ぶ本質的な意義や中核をなすものとして全教科等を通して整理されたことを踏まえ,理科の特質に応じ,「理科の見方・考え方」として,改めて検討した。問題解決の過程において,自然の事物・現象をどのような視点で捉えるかという「見方」については,理科を構成する領域ごとの特徴から整理を行った。自然の事物・現象を,「エネルギー」を柱とする領域では,主として量的・関係的な視点で捉えることが,「粒子」を柱とする領域では,主として質的・実体的な視点で捉えることが,「生命」を柱とする領域では,主として共通性・多様性の視点で捉えることが,「地球」を柱とする領域では,主として時間的・空間的な視点で捉えることが,それぞれの領域における特徴的な視点として整理することができる。

　ただし,これらの特徴的な視点はそれぞれ領域固有のものではく,その強弱はあるものの,他の領域においても用いられる視点であることや,これら以外にも,理科だけでなく様々な場面で用いられる原因と結果をはじめとして,部分と全体,定性と定量などといった視点もあることに留意する必要がある。

　問題解決の過程において,どのような考え方で思考していくかという「考え方」については,これまで理科で育成を目指してきた問題解決の能力を基に整理を行った。児童が問題解決の過程の中で用いる,比較,関係付け,条件制御,多面的に考えることなどといった考え方を「考え方」として整理することができる。

　「比較する」とは,複数の自然の事物・現象を対応させ比べることである。比較には,同時に複数の自然の事物・現象を比べたり,ある自然の事物・現象の変化を時間的な前後の関係で比べたりすることなどがある。具体的には,問題を見いだす際に,自然の事物・現象を比較し,差異点や共通点を明らかにすることなどが考えられる。

　「関係付ける」とは,自然の事物・現象を様々な視点から結び付けることである。「関係付け」には,変化とそれに関わる要因を結び付けたり,既習の内容や生活経験と結び付けたりすることなどがある。具体的には,解決したい問題についての予想や仮説を発想する際に,自然の事物・現象と既習の内容や生活経験とを関係付けたり,自然の事物・現象

の変化とそれに関わる要因を関係付けたりすることが考えられる。

「条件を制御する」とは，自然の事物・現象に影響を与えると考えられる要因について，どの要因が影響を与えるかを調べる際に，変化させる要因と変化させない要因を区別するということである。具体的には，解決したい問題について，解決の方法を発想する際に，制御すべき要因と制御しない要因を区別しながら計画的に観察，実験などを行うことが考えられる。

「多面的に考える」とは，自然の事物・現象を複数の側面から考えることである。具体的には，問題解決を行う際に，解決したい問題について互いの予想や仮説を尊重しながら追究したり，観察，実験などの結果を基に，予想や仮説，観察，実験などの方法を振り返り，再検討したり，複数の観察，実験などから得た結果を基に考察をしたりすることなどが考えられる。

このような「理科の見方・考え方」を自在に働かせ，自然の事物・現象に関わることができる児童は，どのような視点で自然の事物・現象を捉え，どのような考え方で思考すればよいのかを自覚しながら，自然の事物・現象に関わることができるということである。それは，自然の事物・現象から問題を見いだし，予想や仮説をもち，その解決方法を考えたり，知識を関連付けてより深く理解したりすることに向かう「深い学び」を実現することになるのである。児童自らが「理科の見方・考え方」を意識的に働かせながら，繰り返し自然の事物・現象に関わることで，児童の「見方・考え方」は豊かで確かなものになっていき，それに伴い，育成を目指す資質・能力が更に伸ばされていくのである。

なお，「見方・考え方」は，問題解決の活動を通して育成を目指す資質・能力としての「知識」や「思考力，判断力，表現力等」とは異なることに留意が必要である。

○ 「見通しをもって観察，実験を行うことなどを通して」について

ここでは，「見通しをもって」，「観察，実験を行うことなど」の二つの部分に分けて考えることにする。

「見通しをもつ」とは，児童が自然に親しむことによって見いだした問題に対して，予想や仮説をもち，それらを基にして観察，実験などの解決の方法を発想することである。児童が「見通しをもつ」ことには，以下のような意義が考えられる。

児童は，既習の内容や生活経験を基にしながら，問題の解決を図るための根拠のある予想や仮説，さらには，それを確かめるための観察，実験の方法を発想することになる。これは，児童が自分で発想した予想や仮説，そして，それらを確かめるために発想した解決の方法で観察，実験などを行うということであり，このようにして得られた観察，実験の結果においても，自らの活動としての認識をもつことになる。このことにより，観察，実験は児童自らの主体的な問題解決の活動となるのである。

また，児童が見通しをもつことにより，予想や仮説と観察，実験の結果の一致，不一致が明確になる。両者が一致した場合には，児童は予想や仮説を確認したことになる。一

方,両者が一致しない場合には,児童は予想や仮説,又はそれらを基にして発想した解決の方法を振り返り,それらを見直し,再検討を加えることになる。いずれの場合でも,予想や仮説又は解決の方法の妥当性を検討したという意味において意義があり,価値があるものである。このような過程を通して,児童は,自らの考えを大切にしながらも,他者の考えや意見を受け入れ,様々な視点から自らの考えを柔軟に見直し,その妥当性を検討する態度を身に付けることになると考えられる。

なお,児童がもつ見通しは一律ではなく,児童の発達や状況によってその精緻さなどが異なるものであることから,十分配慮する必要がある。

「観察,実験を行うことなど」については,以下のような意義が考えられる。

理科の観察,実験などの活動は,児童が自ら目的,問題意識をもって意図的に自然の事物・現象に働きかけていく活動である。そこでは,児童は自らの予想や仮説に基づいて,観察,実験などの計画や方法を工夫して考えることになる。観察,実験などの計画や方法は,予想や仮説を自然の事物・現象で検討するための手続き・手段であり,理科における重要な検討の形式として考えることができる。

ここで,観察は,実際の時間,空間の中で具体的な自然の事物・現象の存在や変化を捉えることである。視点を明確にもち,周辺の状況にも意識を払いつつ,その様相を自らの諸感覚を通して捉えようとする活動である。一方,実験は,人為的に整えられた条件の下で,装置を用いるなどしながら,自然の事物・現象の存在や変化を捉えることである。自然の事物・現象からいくつかの変数を抽出し,それらを組み合わせ,意図的な操作を加える中で,結果を得ようとする活動である。観察,実験は明確に切り分けられない部分もあるが,それぞれの活動の特徴を意識しながら指導することが大切である。

なお,「観察,実験を行うことなど」の「など」には,自然の事物・現象から問題を見いだす活動,観察,実験の結果を基に考察する活動,結論を導きだす活動が含まれる。

○ 「自然の事物・現象についての問題を科学的に解決する」について

児童が見いだした問題を解決していく際,理科では,「科学的に解決する」ということが重要である。

科学とは,人間が長い時間をかけて構築してきたものであり,一つの文化として考えることができる。科学は,その扱う対象や方法論などの違いにより,専門的に分化して存在し,それぞれ体系として緻密で一貫した構造をもっている。また,最近では専門的な科学の分野が融合して,新たな科学の分野が生まれている。

科学が,それ以外の文化と区別される基本的な条件としては,実証性,再現性,客観性などが考えられる。実証性とは,考えられた仮説が観察,実験などによって検討することができるという条件である。再現性とは,仮説を観察,実験などを通して実証するとき,人や時間や場所を変えて複数回行っても同一の実験条件下では,同一の結果が得られるという条件である。客観性とは,実証性や再現性という条件を満足することにより,多くの

人々によって承認され，公認されるという条件である。
　「科学的」ということは，これらの条件を検討する手続きを重視するという側面から捉えることができる。つまり，「問題を科学的に解決する」ということは，自然の事物・現象についての問題を，実証性，再現性，客観性などといった条件を検討する手続きを重視しながら解決していくということと考えられる。
　このような手続きを重視するためには，主体的で対話的な学びが欠かせない。児童は，問題解決の活動の中で，互いの考えを尊重しながら話し合い，既にもっている自然の事物・現象についての考えを，少しずつ科学的なものに変容させていくのである。
　さらに，児童は，問題を科学的に解決することによって，一つの問題を解決するだけに留まらず，獲得した知識を適用して，「理科の見方・考え方」を働かせ，新たな問題を見いだし，その問題の解決に向かおうとする。この営みこそが問い続けることであり，自ら自然の事物・現象についての考えを少しずつ科学的なものに変容させることにつながるのである。そのためには，問題を解決することに喜びを感じるとともに，「知らないことがあることに気付く」ことにも価値を見いだすことができる児童を育成していくことが重要であると考えられる。

（１）　自然の事物・現象についての理解を図り，観察，実験などに関する基本的な技能を身に付けるようにすること

　児童は，自ら自然の事物・現象に働き掛け，問題を解決していくことにより，自然の事物・現象の性質や規則性などを把握する。その際，児童は，問題解決の過程を通して，あらかじめもっている自然の事物・現象についてのイメージや素朴な概念などを，既習の内容や生活経験，観察，実験などの結果から導きだした結論と意味付けたり，関係付けたりして，より妥当性の高いものに更新していく。このことは，自然の事物・現象について，より深く理解することにつながっていくのである。このような理解は，その段階での児童の発達や経験に依存したものであるが，自然の事物・現象についての科学的な理解の一つと考えることができる。
　観察，実験などに関する技能については，器具や機器などを目的に応じて工夫して扱うとともに，観察，実験の過程やそこから得られた結果を適切に記録することが求められる。児童が問題解決の過程において，解決したい問題に対する結論を導きだす際，重要になるのは，観察，実験の結果である。観察，実験などに関する技能を身に付けることは，自然の事物・現象についての理解や問題解決の力の育成に関わる重要な資質・能力の一つである。
　なお，「観察，実験など」の「など」には，自然の性質や規則性を適用したものづくりや，栽培，飼育の活動が含まれる。

(2) 観察，実験などを行い，問題解決の力を養うこと

　児童が自然の事物・現象に親しむ中で興味・関心をもち，そこから問題を見いだし，予想や仮説を基に観察，実験などを行い，結果を整理し，その結果を基に結論を導きだすといった問題解決の過程の中で，問題解決の力が育成される。小学校では，学年を通して育成を目指す問題解決の力を示している。

　第3学年では，主に差異点や共通点を基に，問題を見いだすといった問題解決の力の育成を目指している。この力を育成するためには，複数の自然の事物・現象を比較し，その差異点や共通点を捉えることが大切である。第4学年では，主に既習の内容や生活経験を基に，根拠のある予想や仮説を発想するといった問題解決の力の育成を目指している。この力を育成するためには，自然の事物・現象同士を関係付けたり，自然の事物・現象と既習の内容や生活経験と関係付けたりすることが大切である。第5学年では，主に予想や仮説を基に，解決の方法を発想するといった問題解決の力の育成を目指している。この力を育成するためには，自然の事物・現象に影響を与えると考える要因を予想し，どの要因が影響を与えるかを調べる際に，これらの条件を制御するといった考え方を用いることが大切である。第6学年では，主により妥当な考えをつくりだすといった問題解決の力の育成を目指している。より妥当な考えをつくりだすとは，自分が既にもっている考えを検討し，より科学的なものに変容させることである。この力を育成するためには，自然の事物・現象を多面的に考えることが大切である。

　これらの問題解決の力は，その学年で中心的に育成するものであるが，実際の指導に当たっては，他の学年で掲げている問題解決の力の育成についても十分に配慮することや，内容区分や単元の特性によって扱い方が異なること，中学校における学習につなげていくことにも留意する必要がある。

(3) 自然を愛する心情や主体的に問題解決しようとする態度を養うこと

　児童は，植物の栽培や昆虫の飼育という体験活動を通して，その成長を喜んだり，昆虫の活動の不思議さや面白さを感じたりする。また，植物や昆虫を大切に育てていたにもかかわらず枯れてしまったり，死んでしまったりするような体験をすることもあり，植物の栽培や昆虫の飼育などの意義を児童に振り返らせることにより，生物を愛護しようとする態度が育まれてくる。

　また，植物の結実の過程や動物の発生や成長について観察したり，調べたりする中で，生命の連続性や神秘性に思いをはせたり，自分自身を含む動植物は，互いにつながっており，周囲の環境との関係の中で生きていることを考えたりすることを通して，生命を尊重しようとする態度が育まれてくる。

　理科では，このような体験を通して，自然を愛する心情を育てることが大切であることは言うまでもない。ただし，その際，人間を含めた生物が生きていくためには，水や空

気，食べ物，太陽のエネルギーなどが必要なことなどの理解も同時に大切にする必要がある。

さらに，自然環境と人間との共生の手立てを考えながら自然を見直すことや実験などを通して自然の秩序や規則性などに気付くことも，自然を愛する心情を育てることにつながると考えられる。

主体的に問題解決しようとする態度とは，一連の問題解決の活動を，児童自らが行おうとすることによって表出された姿である。

児童は，自然の事物・現象に進んで関わり，問題を見いだし，見通しをもって追究していく。追究の過程では，自分の学習活動を振り返り，意味付けをしたり，身に付けた資質・能力を自覚したりするとともに，再度自然の事物・現象や日常生活を見直し，学習内容を深く理解したり，新しい問題を見いだしたりする。このような姿には，意欲的に自然の事物・現象に関わろうとする態度，粘り強く問題解決しようとする態度，他者と関わりながら問題解決しようとする態度，学んだことを自然の事物・現象や日常生活に当てはめてみようとする態度などが表れている。小学校理科では，このような態度の育成を目指していくことが大切である。

第2節　理科の内容構成

理科では，様々な自然の事物・現象を対象にして学習を行う。そして，理科の学習を通して，自然の事物・現象についての理解を図り，観察，実験などに関する基本的な技能を身に付けるようにするとともに，問題解決の力や自然を愛する心情，主体的に問題解決しようとする態度を養うことを目標としている。自然の事物・現象を対象として，このような目標を実現するために，対象の特性や児童の構築する考えなどに基づいて，次のような内容の区分に整理した。

1　A物質・エネルギー

身近な自然の事物・現象の中には，時間，空間の尺度の小さい範囲内で直接実験を行うことにより，対象の特徴や変化に伴う現象や働きを，何度も人為的に再現させて調べることができやすいという特性をもっているものがある。児童は，このような特性をもった対象に主体的，計画的に操作や制御を通して働きかけ，追究することにより，対象の性質や働き，規則性などについての考えを構築することができる。主にこのような対象の特性や児童の構築する考えなどに対応した学習の内容区分が「A物質・エネルギー」である。

「A物質・エネルギー」の指導に当たっては，実験の結果から得られた性質や働き，規則性などを活用したものづくりを充実させるとともに，「エネルギー」，「粒子」といった科学の基本的な概念等を柱として，内容の系統性が図られていることに留意する必要がある。

「エネルギー」といった科学の基本的な概念等は，更に「エネルギーの捉え方」，「エネルギーの変換と保存」，「エネルギー資源の有効利用」に分けて考えられる。「粒子」といった科学の基本的な概念等は，更に「粒子の存在」，「粒子の結合」，「粒子の保存性」，「粒子のもつエネルギー」に分けて考えられる。

　なお，「エネルギー」，「粒子」といった科学の基本的な概念等は，知識及び技能の確実な定着を図る観点から，児童の発達の段階を踏まえ，小学校，中学校，高等学校を通じた理科の内容の構造化を図るために設けられた柱である。小学校及び中学校を通した「エネルギー」，「粒子」を柱とした内容の構成を図1（22, 23ページ）に示す。

2　B生命・地球

　自然の事物・現象の中には，生物のように環境との関わりの中で生命現象を維持していたり，地層や天体などのように時間，空間の尺度が大きいという特性をもったりしているものがある。児童は，このような特性をもった対象に主体的，計画的に諸感覚を通して働きかけ，追究することにより，対象の成長や働き，環境との関わりなどについての考えを構築することができる。主にこのような対象の特性や児童の構築する考えなどに対応した学習の内容区分が「B生命・地球」である。

　「B生命・地球」の指導に当たっては，自然を愛する心情を養うとともに，「生命」，「地球」といった科学の基本的な概念等を柱として，内容の系統性が図られていることに留意する必要がある。

　「生命」といった科学の基本的な概念等は，更に「生物の構造と機能」，「生命の連続性」，「生物と環境の関わり」に分けて考えられる。「地球」といった科学の基本的な概念等は，更に「地球の内部と地表面の変動」，「地球の大気と水の循環」，「地球と天体の運動」に分けて考えられる。

　なお，「生命」，「地球」といった科学の基本的な概念等は，知識及び技能の確実な定着を図る観点から，児童の発達の段階を踏まえ，小学校，中学校，高等学校を通じた理科の内容の構造化を図るために設けられた柱である。

　小学校及び中学校を通した「生命」，「地球」を柱とした内容の構成を図2（24, 25ページ）に示す。

図1 小学校・中学校理科の「エネルギー」,「粒子」を柱とした内容の構成

校種	学年	エネルギー		
		エネルギーの捉え方	エネルギーの変換と保存	エネルギー資源の有効利用
小学校	第3学年	**風とゴムの力の働き** ・風の力の働き ・ゴムの力の働き　　**光と音の性質** ・光の反射・集光 ・光の当て方と明るさや暖かさ ・音の伝わり方と大小	**磁石の性質** ・磁石に引き付けられる物 ・異極と同極　　**電気の通り道** ・電気を通すつなぎ方 ・電気を通す物	
	第4学年		**電流の働き** ・乾電池の数とつなぎ方	
	第5学年	**振り子の運動** ・振り子の運動	**電流がつくる磁力** ・鉄心の磁化,極の変化 ・電磁石の強さ	
	第6学年	**てこの規則性** ・てこのつり合いの規則性 ・てこの利用	**電気の利用** ・発電（光電池（小4から移行）を含む）,蓄電 ・電気の変換・電気の利用	
中学校	第1学年	**力の働き** ・力の働き （2力のつり合い（中3から移行）を含む）　**光と音** ・光の反射・屈折（光の色を含む） ・凸レンズの働き ・音の性質		
	第2学年		**電流** ・回路と電流・電圧 ・電流・電圧と抵抗 ・電気とそのエネルギー（電気による発熱（小6から移行）を含む） ・静電気と電流（電子,放射線を含む） **電流と磁界** ・電流がつくる磁界 ・磁界中の電流が受ける力 ・電磁誘導と発電	
	第3学年		**力のつり合いと合成・分解** ・水中の物体に働く力（水圧,浮力（中1から移行）を含む） ・力の合成・分解 **運動の規則性** ・運動の速さと向き ・力と運動 **力学的エネルギー** ・仕事とエネルギー ・力学的エネルギーの保存	
			エネルギーと物質 ・エネルギーとエネルギー資源（放射線を含む） ・様々な物質とその利用（プラスチック（中1から移行）を含む） ・科学技術の発展	
				自然環境の保全と科学技術の利用 ・自然環境の保全と科学技術の利用 （第2分野と共通）

実線は新規項目。破線は移行項目。

校種	学年	粒子			
		粒子の存在	粒子の結合	粒子の保存性	粒子のもつエネルギー
小学校	第3学年			**物と重さ** ・形と重さ ・体積と重さ	
小学校	第4学年	**空気と水の性質** ・空気の圧縮 ・水の圧縮			**金属，水，空気と温度** ・温度と体積の変化 ・温まり方の違い ・水の三態変化
小学校	第5学年			**物の溶け方**（溶けている物の均一性（中1から移行）を含む） ・重さの保存 ・物が水に溶ける量の限度 ・物が水に溶ける量の変化	
小学校	第6学年	**燃焼の仕組み** ・燃焼の仕組み	**水溶液の性質** ・酸性，アルカリ性，中性 ・気体が溶けている水溶液 ・金属を変化させる水溶液		
中学校	第1学年	**物質のすがた** ・身の回りの物質とその性質 ・気体の発生と性質		**水溶液** ・水溶液	**状態変化** ・状態変化と熱 ・物質の融点と沸点
中学校	第2学年	**物質の成り立ち** ・物質の分解 ・原子・分子	**化学変化** ・化学変化 ・化学変化における酸化と還元 ・化学変化と熱	**化学変化と物質の質量** ・化学変化と質量の保存 ・質量変化の規則性	
中学校	第3学年	**水溶液とイオン** ・原子の成り立ちとイオン ・酸・アルカリ ・中和と塩 **化学変化と電池** ・金属イオン ・化学変化と電池			

図2　小学校・中学校理科の「生命」,「地球」を柱とした内容の構成

校種	学年	生命		
		生物の構造と機能	生命の連続性	生物と環境の関わり
小学校	第3学年	身の回りの生物 ・身の回りの生物と環境との関わり ・昆虫の成長と体のつくり ・植物の成長と体のつくり		
	第4学年	人の体のつくりと運動 ・骨と筋肉 ・骨と筋肉の働き		季節と生物 ・動物の活動と季節 ・植物の成長と季節
	第5学年		植物の発芽,成長,結実 ・種子の中の養分 ・発芽の条件 ・成長の条件 ・植物の受粉,結実 / 動物の誕生 ・卵の中の成長 ・母体内の成長	
	第6学年	人の体のつくりと働き ・呼吸 ・消化・吸収 ・血液循環 ・主な臓器の存在 / 植物の養分と水の通り道 ・でんぷんのでき方 ・水の通り道		生物と環境 ・生物と水,空気との関わり ・食べ物による生物の関係（水中の小さな生物（小5から移行）を含む） ・人と環境
中学校	第1学年	生物の観察と分類の仕方 ・生物の観察 ・生物の特徴と分類の仕方 生物の体の共通点と相違点 ・植物の体の共通点と相違点 ・動物の体の共通点と相違点（中2から移行）		
	第2学年	生物と細胞 ・生物と細胞 植物の体のつくりと働き ・葉・茎・根のつくりと働き（中1から移行） 動物の体のつくりと働き ・生命を維持する働き ・刺激と反応		
	第3学年		生物の成長と殖え方 ・細胞分裂と生物の成長 ・生物の殖え方 遺伝の規則性と遺伝子 ・遺伝の規則性と遺伝子 生物の種類の多様性と進化 ・生物の種類の多様性と進化（中2から移行）	生物と環境 ・自然界のつり合い ・自然環境の調査と環境保全 ・地域の自然災害 自然環境の保全と科学技術の利用 ・自然環境の保全と科学技術の利用 （第1分野と共通）

実線は新規項目。破線は移行項目。

校種	学年	地球		
		地球の内部と地表面の変動	地球の大気と水の循環	地球と天体の運動
小学校	第3学年		**太陽と地面の様子** ・日陰の位置と太陽の位置の変化 ・地面の暖かさや湿り気の違い	
小学校	第4学年	**雨水の行方と地面の様子** ・地面の傾きによる水の流れ ・土の粒の大きさと水のしみ込み方	**天気の様子** ・天気による1日の気温の変化 ・水の自然蒸発と結露	**月と星** ・月の形と位置の変化 ・星の明るさ,色 ・星の位置の変化
小学校	第5学年	**流れる水の働きと土地の変化** ・流れる水の働き ・川の上流・下流と川原の石 ・雨の降り方と増水	**天気の変化** ・雲と天気の変化 ・天気の変化の予想	
小学校	第6学年	**土地のつくりと変化** ・土地の構成物と地層の広がり（化石を含む） ・地層のでき方 ・火山の噴火や地震による土地の変化		**月と太陽** ・月の位置や形と太陽の位置
中学校	第1学年	**身近な地形や地層，岩石の観察** ・身近な地形や地層，岩石の観察 **地層の重なりと過去の様子** ・地層の重なりと過去の様子 **火山と地震** ・火山活動と火成岩 ・地震の伝わり方と地球内部の働き **自然の恵みと火山災害・地震災害** ・自然の恵みと火山災害・地震災害（中3から移行）		
中学校	第2学年		**気象観測** ・気象要素（圧力（中1の第1分野から移行）を含む） ・気象観測 **天気の変化** ・霧や雲の発生 ・前線の通過と天気の変化 **日本の気象** ・日本の天気の特徴 ・大気の動きと海洋の影響 **自然の恵みと気象災害** ・自然の恵みと気象災害（中3から移行）	
中学校	第3学年			**天体の動きと地球の自転・公転** ・日周運動と自転 ・年周運動と公転 **太陽系と恒星** ・太陽の様子 ・惑星と恒星 ・月や金星の運動と見え方

図3　思考力，判断力，表現力等及び学びに向かう力，人間性等に関する学習指導要領の主な記載

校種	資質・能力	学年	エネルギー	粒子	生命	地球
小学校	思考力，判断力，表現力等	第3学年	（比較しながら調べる活動を通して）自然の事物・現象について追究する中で，差異点や共通点を基に，問題を見いだし，表現すること。			
		第4学年	（関係付けて調べる活動を通して）自然の事物・現象について追究する中で，既習の内容や生活経験を基に，根拠のある予想や仮説を発想し，表現すること。			
		第5学年	（条件を制御しながら調べる活動を通して）自然の事物・現象について追究する中で，予想や仮説を基に，解決の方法を発想し，表現すること。			
		第6学年	（多面的に調べる活動を通して）自然の事物・現象について追究する中で，より妥当な考えをつくりだし，表現すること。			
	学びに向かう力，人間性等		主体的に問題解決しようとする態度を養う。			
					生物を愛護する（生命を尊重する）態度を養う。	

※各学年で育成を目指す思考力，判断力，表現力等については，該当学年において育成することを目指す力のうち，主なものを示したものであり，他の学年で掲げている力の育成についても十分に配慮すること。

校種	資質・能力	学年	エネルギー	粒子	生命	地球
中学校	思考力，判断力，表現力等	第1学年	問題を見いだし見通しをもって観察，実験などを行い，【規則性，関係性，共通点や相違点，分類するための観点や基準】を見いだして表現すること。			
		第2学年	見通しをもって解決する方法を立案して観察，実験などを行い，その結果を分析して解釈し，【規則性や関係性】を見いだして表現すること。			
		第3学年	見通しをもって観察，実験などを行い，その結果（や資料）を分析して解釈し，【特徴，規則性，関係性】を見いだし表現すること。また，探究の過程を振り返ること。			
			見通しをもって観察，実験などを行い，その結果を分析して解釈するとともに，自然環境の保全と科学技術の利用の在り方について，科学的に考察して判断すること。		観察，実験などを行い，自然環境の保全と科学技術の利用の在り方について，科学的に考察して判断すること。	
	学びに向かう力，人間性等		【第1分野】物質やエネルギーに関する事物・現象に進んで関わり，科学的に探究しようとする態度を養う。		【第2分野】生命や地球に関する事物・現象に進んで関わり，科学的に探究しようとする態度，生命を尊重し，自然保護の保全に寄与する態度を養う。	

※内容の（1）から（7）までについては，それぞれのアに示す知識及び技能とイに示す思考力，判断力，表現力等とを相互に関連させながら，3年間を通じて科学的に探究するために必要な資質・能力の育成を目指すものとする。

● **編著者** ●

松森 靖夫　　山梨大学大学院総合研究部教育学域教授

1956年4月、神奈川県生まれ。
専門は理科教育学。現在，認識論，教員養成論に関する研究を中心に行っている。

森本 信也　　横浜国立大学名誉教授

1952年1月、東京都生まれ。
専門は理科教育学。現在，教授・学習論に関する研究を中心に行っている。

● **執筆者一覧** ●

森本 信也　　　前掲　　　　　　　　　　　　　　　　　〈はじめに・第1章〉

松森 靖夫　　　前掲　　　　　　　　　　　　　　　〈はじめに・第7章（7-1・7-2）〉

和田 一郎　　　横浜国立大学教育学部教授　　　　　　　　　〈第2章・第12章〉

加藤 圭司　　　横浜国立大学教育学部教授　　　　　　　　　〈第3章・第8章〉

黒田 篤志　　　関東学院大学教育学部教授　　　　　　　　　〈第4章・第13章〉

佐藤 寛之　　　山梨大学大学院総合研究部教育学域准教授
　　　　　　　　　　　　　　　　　　　　　　　　〈第5章・第10章（10-3・10-4）〉

小野瀬 倫也　　国士舘大学文学部教授　　　　　　　　　　〈第6章・第9章〉

佐々木 智謙　　山梨大学大学院総合研究部教育学域助教
　　　　　　　　　　　　　　　　　　　　　〈第7章（7-3・7-4）・第10章（10-1・10-2）〉

渡辺 理文　　　北海道教育大学札幌校講師　　　　　　　　　　　〈第11章〉

＊執筆順，所属は平成30年2月現在

新訂　平成29年版学習指導要領対応
理科教育入門書

2018(平成30)年3月10日　初版第1刷発行

編著者：松森靖夫・森本信也
発行者：錦織圭之介
発行所：株式会社　東洋館出版社
　　　　〒113-0021　東京都文京区本駒込5丁目16番7号
　　　　営業部　電話03-3823-9206　ＦＡＸ03-3823-9208
　　　　編集部　電話03-3823-9207　ＦＡＸ03-3823-9209
　　　　振替 00180-7-96823
　　　　URL　http://www.toyokan.co.jp

装丁・デザイン：國枝達也
印刷・製本：藤原印刷株式会社

ISBN978-4-491-03488-1　Printed in Japan